Henricus Madathanus

Théosophe, médecin
et enfin, par la grâce de Dieu,
Frère de la Croix d'Or

Aureum seculum redivivum

C'est-à-dire :
Le très ancien âge d'or qui avait disparu
s'est maintenant levé de nouveau ; il a fleuri dans la beauté
et produit des semences d'or parfumées.

AVANT-PROPOS
POUR LE LECTEUR CHRÉTIEN QUI EN EST DIGNE

Lecteur aimable et aimant Dieu, et particulièrement vous *sapientiæ et doctrinæ filii*[1], il y a quelques années, le Dieu Tout Puissant ouvrit mes yeux à l'illumination de Son Esprit Saint (dont nous recevons toute Sagesse et Qui nous fut envoyé par le Père à travers le Fils), parce que je l'avais prié avec ferveur et avec constance et que j'avais fait appel à Lui maintes fois. Aussi j'aperçus le vrai *Centrum in Trigono centri*[2], la seule et vraie *substance*[3] de la Pierre du Noble Philosophe, et bien que je l'aie eue dans mes propres mains pendant une durée de cinq ans, je ne savais pas comment en extraire le *sang du lion rouge* et le *gluten*[4] *de l'aigle blanc*, encore moins comment la mélanger, l'enfermer, la sceller conformément aux proportions de la Nature, ou comment la confier au feu caché et comment procéder avec celui-ci, toutes choses qui ne peuvent être faites sans compréhension et soin. Et, bien que j'aie cherché dans les *scriptis, parabolis* et *variis Philosophorum figuris*[5] avec un soin et un entendement tout particuliers, et que j'aie travaillé avec diligence pour résoudre leurs étranges et multiples *ænigmata*[6], qui n'existaient qu'en partie seulement dans leurs propres esprits, je découvris *reipsa*[7] que tout cela n'était que pure fantaisie et déraison comme en témoigne aussi l'*Aurora Philosophorum*[8]. Ce ne sont que folies, comme toutes les *præparationes*[9], mêmes celles de Gerber et d'Albert le Grand, avec leurs *purgationes, sublimationes, cementationes, distillationes, rectificationes, circulationes, putrefactiones, conjunctiones, solutiones, assensiones, coagulationes, calcinationes, incinerationes, mortificationes, revificationes*[10], etc. Il en est de même de leurs trépieds, Athanor,

---

[1] Fils de la sagesse et de l'enseignement.
[2] Le centre au centre du triangle.
[3] Matière dont un corps est formé, et en vertu de laquelle il a des propriétés particulières.
[4] Pour les naturalistes, c'est la matière qui lie ensemble les parties d'un corps solide. En chimie, le gluten désigne la matière organique visqueuse et riche en azote qui demeure lorsqu'on a enlevé de la farine des céréales l'amidon qu'elle contenait.
[5] Dans les écrits, les discours et les différentes figures [géométriques] des philosophes.
[6] Allégories.
[7] Dans la chose même ; comme la chose elle-même l'a montré.
[8] *L'Aurore des Philosophes*.
[9] Préparations. Opérations de chimie qui consistent à disposer toutes les substances qui doivent être employées pour la confection d'un médicament.
[10] Purifications, sublimations, pétrifications, distillations, redressements, circulations, putré-

fours réfléchissants, fourneaux de fusion, putrifications, fumier de cheval, cendres, sable, ventouses, vases pélicans, cornues, fixatoriums, etc. choses compliquées, futiles et inutiles. Personnellement, je dois en vérité en convenir, puisque la noble Nature, qui se laisse facilement découvrir dans sa propre *substance* innée, ne connaît pas ces choses. Il y a ceux qui cherchent *materiam lapidis*[11] dans le vin, dans le corps imparfait, dans le sang, dans la marcasite, dans le mercure, dans le soufre, dans l'urine, dans les excréments, dans le pigment auriculaire et dans les herbes telles que la chélidoine, la pulmonaire, l'if, l'hysope, etc.

Theophraste dans son *Secreto Magico de Lapide Philosophorum*[12], en dit justement : «Tout cela n'est qu'infamie et vol avec lesquels ils trompent les autres, prennent leur argent, passent et perdent leur temps inutilement et en vain, ne poursuivent que leur propre sottise, mais ne peuvent prévoir les exigences de la Nature. Dis-moi plutôt une chose : Que penses-tu de ceux qui brûlent de l'eau dans les mines de la Terre, ou n'y a-t-il pas là aussi des gens qui rehaussent le pouvoir du vin, ou qui brûlent l'urine des petits enfants pour en faire des métaux ? Ou crois-tu qu'il existe un apothicaire qui vende ce avec quoi tu puisses faire des métaux ? Tu es un sot, ne peux-tu comprendre que tu t'égares, qu'aucune de ces choses n'appartient à la Nature ? Ou désires-tu te placer au-dessus de Dieu que tu veuilles faire du métal avec du sang ? Tu pourrais aussi bien essayer de faire un homme avec un cheval, ou une vache d'une souris et qui donnerait du bon lait par-dessus le marché. Cela aussi serait une multiplication, mais ces choses-là n'arrivent pas, et aussi peu se produisent-elles, aussi peu sauras-tu faire des métaux avec les recettes mentionnées ci-dessus, car ce n'est pas un art donné par la Nature. Et, quoique la Nature ait fait, aucun art ne peut le produire : car, si une femme a donné le jour à un garçon, aucun art ne peut changer le garçon en fille, quels que soient les moyens utilisés dans ce but. »

Après ce petit discours, il devrait être facile pour quiconque de voir comment et sous quelle forme, la *materia benedicta*[13] devrait être cherchée et trouvée.

Et, personne ne devrait imaginer, et encore moins se laisser persuader par de quelconques bouffons, qu'il a réellement entre les mains la *veram materiam*[14] grâce à la révélation secrète de Dieu ou grâce à ceux qui prétendent la connaître ; et aucun ne devrait imaginer qu'il pourrait être capable de désintégrer ladite *veram*

---

factions, conjonctions, (dis)solutions, sublimations, coagulations, calcinations, incinérations, mortifications, résurrections.

[11] La matière [première] de la Pierre.

[12] *Au sujet du secret magique de la pierre des Philosophes.*

[13] La matière bénite.

[14] La véritable matière [première].

materiam proportionnellement, de séparer le *purum ab impuro*[15] dans les plus grandes choses, qu'il saurait comment la purifier et comprendrait entièrement. Non, mes chers analystes, il n'en est aucunement ainsi : c'est là que réside la difficulté, et ce qui concerne de telles questions appartient à lui et à l'esprit compétent. Regarde moi, par exemple : comme tu l'as appris de moi au début, pendant cinq ans j'avais connaissance de la *veram materiam lapidis*, mais, pendant tout ce temps, je ne savais comment procéder avec elle, et ce n'est pas avant la sixième année que la clef de sa puissance me fut confiée par la révélation secrète du Dieu Tout Puissant. Et, les anciens Patriarches, les Prophètes et les Philosophes ont à toutes les époques gardé cette clef cachée et secrète, car la *Monarchia, in loco dicto*[16], précise : « Ce serait un grand vol et non plus un secret, s'ils l'avaient révélée dans leurs écrits pour que chaque savetier et chaque arracheur de dents puisse la comprendre, et beaucoup de mal pourrait être fait de cette façon qui serait contraire à la volonté du Seigneur, etc. » Il y a maintenant de nombreuses raisons pour que j'écrive cet opuscule : certaines sont citées ici, d'autres dans l'Épilogue, et une dernière est que je ne veux pas avoir l'air de garder pour mon usage exclusif un *talentum a Deo mihi commissum*[17]. Aussi, ai-je transcrit ici dans mon *Aureo seculo redivivo*[18], autant que Dieu et la Nature me l'ont permis, au sujet du grand secret des Philosophes, tel que mes yeux l'ont vu et que mes mains l'ont saisi, et comment il me fut révélé au bon moment dans une grande puissance et une grande gloire, grâce à la miséricorde de Dieu : puisse le lecteur pieux et aimant Dieu recevoir tout ceci en bonne foi, l'accepter, l'examiner avec compétence et ne pas se laisser troubler si, par moments, certains mots mêlés à mes paroles semblent contraires à la lettre. Je ne pouvais écrire autrement *per theoriam ad praxim*[19], car il est interdit d'écrire ceci plus exactement et plus clairement *in republica chymica*[20]. Mais, sans doute, tous ceux qui lisent cet opuscule en toute confiance avec les yeux intérieurs de l'esprit, et qui sont capables de l'envisager correctement, de l'étudier consciencieusement, et qui prient intérieurement en toutes choses et de tout leur cœur, jouiront comme je le fis du merveilleux et doux fruit philosophique qui y est caché, et en auront leur part, selon la volonté de Dieu. Et, ils seront et resteront alors les vrais Frères de la Croix d'Or, et dans une alliance éternelle, les membres choisis de la Communauté Philosophique.

---

[15] Le pur de l'impur.
[16] *La Monarchie*, à l'endroit cité.
[17] Un don que Dieu m'a confié.
[18] *Au sujet de l'âge d'or restauré.*
[19] A partir de la théorie jusqu'à la manière de procéder (la pratique)
[20] Dans la communauté chymique.

Pour terminer, je serai assez sincère pour dévoiler mes véritables nom et prénom de la façon suivante au lecteur intelligent, Chrétien et qui en est digne, afin que personne n'ait le droit de se plaindre de moi. Aussi, je fais maintenant savoir à chacun que le nombre de mon nom est M. DCXII[21], nombre dans lequel mon nom en entier fut inscrit dans le livre de la Nature par 11 morts et 7 vivants. De plus, le chiffre 5 est la cinquième partie des 8, et la quinzième est encore la cinquième partie des 12, et que cela te suffise[22].

Datum in Monte Abiegno,
die 25. Martii Anno 1621[23].

---

[21] 1000. 612.
[22] On peut lire aussi ces indications chiffrées comme des fractions ou des proportions.
[23] Donné au Mont Abiegno, le 25ᵉ jour de Mars, en l'année 1621.

EPIGRAMMA
AD SAPIENTIÆ ET DOCTRINÆ FILIOS

Quæ sivi : inveni : purgavi sæpius : atque
Conjunxi : maturavi : Tinctura secuta est
Aurea, Naturæ centrum quæ dicitur : inde
Tot sensus, tot scripta virum, variæque figuræ
Omnibus, ingenue fateor, MEDECINA metallis ;
Infirmisque simul : punctum divinitus ortum.

HARMANNUS DATICHIUS :
Auth. famulus.

ÉPIGRAMME
DÉDIÉE AUX FILS DE LA SAGESSE
ET DE L'ENSEIGNEMENT

Les choses que j'ai laissées ; celles que j'ai trouvées ;
je les ai purifiées souvent ; et je les ai unies ; je les ai fait mûrir ;
la Teinture suivante, qu'on appelle le centre de la Nature, est d'or ; de là tant
d'opinions, tant d'écrits des hommes et toutes les allégories diverses, je le re-
connais sincèrement, au sujet de la médecine des métaux ; et dans les choses
faibles aussi bien [se trouve]
le point d'origine de la volonté divine.

HARMANNUS DATICHIUS :
Familier de l'auteur.

AUREUM SECULUM
REDIVIVUM

Tandis que je méditais sur les merveilles du Très Haut et sur les secrets de la Nature cachée, et sur l'amour ardent et brûlant du prochain, je me souvins de la blanche moisson où Ruben, fils de Léa, trouva dans les champs les mandragores qu'il donna et que Rachel obtint de Léa en échange de la permission de coucher avec Jacob. Mais, mes pensées allèrent bien plus profondément et me conduisirent jusqu'à Moïse, comment il fit un breuvage du veau solaire moulé par Aaron, et comment il le brûla au feu, le réduisit en poudre, le répandit sur les eaux et le donna à boire aux enfants d'Israël. Et, je m'émerveillai beaucoup de cette prompte et ingénieuse destruction que la main de Dieu avait opérée. Mais après y avoir réfléchi pendant un certain temps, mes yeux s'ouvrirent, comme cela arriva aux deux disciples à Emmaüs, qui reconnurent le Seigneur dans le Partage du Pain, et mon cœur brûla en moi. Mais, je m'étendis et commençai à dormir. Et voici que le Roi Salomon m'apparut en songe, dans toute sa puissance, sa richesse et sa gloire, guidant près de lui toutes les femmes de son harem : il y avait soixante reines, et quatre-vingts concubines, et des vierges sans nombre, mais l'une était sa douce colombe, très belle et très chère à son cœur, et selon la coutume Catholique, elle menait une magnifique procession dans laquelle le *Centrum*[24] était très honoré et aimé, et son nom était comme un onguent externe, dont le parfum surpassait toutes les épices. Et son esprit ardent était une clef pour ouvrir le temple ; pour pénétrer dans la Place Sainte et pour saisir les cornes de l'autel.

Lorsque la procession fut terminée, Salomon me dévoila le *Centrum in Trigono Centri*[25] unifié, et il ouvrit ma compréhension et je devins conscient d'une femme nue avec une blessure saignant à la poitrine se tenant debout derrière moi, de cette blessure sortaient du sang et de l'eau, mais les articulations de ses cuisses étaient comme des joyaux, le travail des mains d'un habile ouvrier, son nombril était semblable à une coupe ronde, qui ne manquait pas de liqueur, son ventre était comme un monceau de blé parsemé de roses, ses seins étaient comme des jeunes roses jumelles, son cou était une tour d'ivoire, ses yeux comme les bassins d'Heshbon près de la porte de Bathrabbim : son nez comme la tour

---

[24] Le centre.

[25] Le centre au centre du triangle. Casse-tête géométrique. Le triangle a trois *centres*.

du Liban qui regarde vers Damas. Sa tête était comme le Carmel et sa chevelure était nouée en de nombreux bandeaux comme la pourpre d'un roi. Mais, ses vêtements qu'elle avait rejetés, gisaient à ses pieds et étaient tous laids, malodorants et empoisonnés. Et elle commença à parler : « J'ai retiré mon manteau, comment vais-je le remettre ? J'ai lavé mes pieds, comment vais-je les salir ? Les guetteurs qui parcourent la ville m'ont trouvée, ils m'ont frappée, ils m'ont blessée et m'ont retiré mon voile. » Je fus alors saisi de peur et inconscient, je tombai sur le sol ; mais Salomon m'ordonna de me relever et dit : « Ne crains pas quand tu vois la Nature nue et ce qui est le plus caché sous le ciel et sur la terre. Elle est belle comme Tirzah, avenante comme Jérusalem, terrible comme une armée avec ses bannières, mais cependant elle est la vierge pure et chaste de laquelle Adam fut fait et créé. Scellée et cachée est l'entrée de sa maison, car elle habite dans le jardin et dort dans la double cave d'Abraham dans le champ d'Ephron et son palais est dans les profondeurs de la Mer Rouge, et dans les profonds gouffres transparents, l'air lui a donné naissance et le feu l'a élevée, aussi elle est la reine du pays, elle a du miel et du lait dans sa poitrine. Oui, ses lèvres sont semblables au rayon de miel qui s'égoutte, le lait et le miel sont sous sa langue et l'odeur de ses vêtements est comme le parfum du Liban pour le Sage, mais une abomination pour l'ignorant. » Et Salomon dit encore : « Lève-toi et regarde toutes mes femmes et vois si tu peux trouver son égale. Et aussitôt, la femme dut enlever ses vêtements et je la regardais, mais mon esprit avait perdu le pouvoir de juger, et mes yeux étaient retenus, aussi je ne la reconnus pas. »

Mais, Salomon voyant ma faiblesse, sépara ses femmes de la femme nue et dit : « Tes pensées sont vaines et le soleil a brûlé ton esprit, et ta mémoire est aussi noire que le brouillard, aussi tu ne peux pas juger sainement ; et si tu ne voulais pas perdre ton inquiétude et tirer un avantage de la présente opportunité, alors la sueur sanglante et les larmes blanches comme neige de cette vierge nue pourraient encore te rafraîchir, purifier ta compréhension et ta mémoire et la rétablir pleinement, afin que tes yeux puissent percevoir les merveilles du Très Haut, la hauteur du plus haut et que tu puisses réellement sonder les fondements de toute la Nature, la puissance et l'activité de tous les Éléments ; et ton discernement sera aussi fin que l'argent, et ta mémoire que l'or, les couleurs de toutes les pierres précieuses apparaîtront devant tes yeux et tu connaîtras comment elles ont été faites et tu sauras séparer le bien du mal, les chèvres des moutons. Ta vie sera très paisible, mais les cymbales d'Aaron t'éveilleront de ton sommeil et la harpe de David mon père, de ton assoupissement. »

Après que Salomon eut ainsi parlé, je fus encore bien plus effrayé et excessivement terrifié, en partie à cause de ses œuvres qui brisaient le cœur, mais aussi en partie à cause de la grande fascination et de la grande splendeur de cette femme royale, et Salomon me prit par la main et me conduisit à travers un cellier vers une salle secrète mais très imposante où il me rafraîchit avec des fleurs et des pommes, mais les fenêtres étaient faites de cristaux transparents et je regardai à travers. Et il dit : « Que vois-tu ? » Je répondis : « Je peux seulement voir de cette salle celle que je viens de quitter, et sur la gauche se tient ta femme au port royal, et sur la droite la vierge nue, et ses yeux sont plus rouges que le vin, ses dents plus blanches que le lait, mais ses vêtements à ses pieds sont plus vilains, plus noirs et plus sales que le ruisseau Kidron. Parmi elles toutes, choisis en une, dit Salomon, pour être ton aimée. Je l'estime et de même ma reine et grandement, heureux que je suis de la beauté de mes femmes, aussi peu m'importe l'abomination de ses vêtements. »

Et aussitôt que le roi eut ainsi parlé, il se retourna et s'entretint de façon amicale avec l'une des reines. Parmi celles-ci était une servante centenaire, avec un manteau gris, un bonnet noir sur la tête recouvert d'innombrables perles blanches comme neige, doublé de velours rouge, et brodé et cousu artistiquement de soie bleue et jaune, et son manteau était orné de diverses couleurs turques et de dessins indiens ; cette vieille femme me fit approcher secrètement et me jura par un serment sacré qu'elle était la mère de la vierge nue, que celle-ci était née de son corps, qu'elle était une chaste et pure vierge, vivant à l'écart, que jusqu'à présent elle n'avait permis à aucun homme de la regarder, et bien qu'elle s'y soit prêtée, partout parmi les gens des rues, personne ne l'avait vue nue auparavant, et personne ne l'avait touchée car elle était la vierge dont le Prophète dit : « Vois, un fils nous est né en secret, qui est différent des autres ; vois la vierge l'a mis au monde, une vierge telle qu'on l'appelle *Apdorossa*, ce qui signifie : secrètement, celle qui ne peut supporter les autres[26]. » Mais pendant ce temps, sa fille n'était toujours pas mariée, sa dot gisait sous ses pieds, en raison du danger actuel de guerre et la soldatesque errante la lui volerait et la dépouillerait de son important trésor. Cependant, je ne devais pas m'effrayer de ses vêtements répugnants, mais choisir sa fille avant tous les autres pour le régal de mon amour et de ma vie. Alors, elle me donnerait et me révélerait une lessive pour nettoyer ses vêtements, j'obtiendrais alors un sel liquide et une huile non combustible pour tenir ma maison et un trésor incommensurable, et sa main droite me caresserait toujours et sa main gauche serait sous ma tête. Et, comme je voulais alors donner mon opinion catégoriquement sur cette affaire, Salomon se retourna de nouveau, me regarda et dit : « Je suis l'homme le plus sage sur la terre, belles et agréables sont

---

[26] Étymologie fantaisiste. *Apta-rosa* pourrait signifier « vêtue de rose ».

mes femmes, et la fascination de mes reines surpasse l'or d'Ophir; les ornements de mes concubines assombrissent les rayons du soleil, et la beauté de mes vierges est plus grande que les rayons de la lune; et, de même que mes femmes sont célestes, de même ma sagesse est insondable et ma science inexplicable. » Là-dessus je répondis et à demi effrayé, je m'inclinai: «Voilà, j'ai trouvé grâce à tes yeux, et puisque je suis pauvre, donne-moi cette vierge nue. Je la choisis parmi toutes les autres pour toute ma vie, et bien que ses vêtements soient répugnants et déchirés, je les nettoierai et je l'aimerai de tout mon cœur, et elle sera ma sœur, ma fiancée; car elle a dérobé mon cœur avec l'un de ses yeux, avec une chaîne de son cou. » Lorsque j'eus ainsi parlé, Salomon me la donna et il y eut une grande agitation dans la salle de ses femmes, de telle façon que cela me réveilla, et je ne savais pas ce qui m'était arrivé, cependant je pensai que cela n'avait été qu'un rêve jusqu'au matin. Mais, après m'être levé et avoir dit mes prières, las, voilà que je vis les vêtements de la vierge nue près de mon lit, mais aucune trace d'elle. Et je commençai à être très effrayé, et tous mes cheveux se dressèrent sur ma tête et mon corps tout entier se mouilla de sueur froide, mais je repris courage, me souvenant de mon rêve, et j'y réfléchis encore dans la crainte du Seigneur. Mais mes pensées ne pouvaient l'expliquer, et pour cette raison, je n'osai examiner les vêtements, encore moins pour reconnaître quelque chose en eux. Je changeai alors de chambre à coucher, et je laissai les vêtements là où ils étaient pendant un certain temps *ex mea tamen ignorantia*[27], croyant que si je devais les toucher ou les retourner, quelque chose de particulier m'arriverait: mais, dans mon sommeil, l'odeur des vêtements m'avait empoisonné et échauffé violemment, de telle façon que mes yeux ne pourraient voir l'heure de miséricorde et que mon cœur ne pourrait jamais reconnaître la grande sagesse de Salomon.

Après que les vêtements dont j'ai parlé fussent restés dans ma chambre à coucher pendant cinq ans et que je ne sus pas à quoi ils pouvaient être bons, finalement, je décidai de les brûler afin de nettoyer les lieux. Et ensuite je passai toute la journée en réfléchissant à ces pensées. Mais, la nuit suivante, la vieille femme centenaire m'apparut en rêve et me parla durement ainsi: «Toi, homme ingrat, pendant cinq ans je t'ai confié les vêtements de ma fille; parmi eux sont ses bijoux les plus précieux, et durant tout ce temps, tu ne les as ni nettoyés ni débarrassés des mites et des vers, et maintenant enfin, tu veux brûler ces habits; n'est-ce pas assez que tu sois la cause de la perte et de la mort de ma fille?» Là-dessus je me fâchai et je lui répondis: «Comment te comprendrai-je, toi qui veux faire de moi un meurtrier? Pendant cinq ans mes yeux n'ont pas vu ta fille,

[27] A l'écart cependant de mon ignorance.

et je n'ai pas du tout entendu parler d'elle, comment puis-je être la cause de sa mort ?» Mais elle ne voulut pas me laisser finir et dit : «Tout cela est vrai, mais tu as péché contre Dieu, aussi tu ne pouvais obtenir ma fille, ni la lessive philosophique que je t'avais promise pour laver et nettoyer ses vêtements : car, au commencement, lorsque Salomon te donna volontiers ma fille et lorsque tu détestas ses vêtements, cela rendit furieuse la planète Saturne qui est son grand-père, et c'est lui qui plein de colère, la transforma de nouveau en ce qu'elle avait été avant sa naissance : et puisque tu as rendu Saturne furieux avec ton aversion, tu as provoqué sa mort, sa putréfaction et sa destruction finale ; car elle est celle dont Senior dit : "Ah malheur ! amener en moi une femme nue alors que mon premier corps n'était pas beau à regarder", et que je n'avais jamais été mère jusqu'à ce que je renaisse, c'est alors que j'apportai la puissance de toutes les racines des plantes et je fus victorieuse aux tréfonds de moi-même. »

Tous ces mots qui brisaient le cœur m'étaient très étranges, mais je contins cependant mon indignation autant que cela m'était humainement possible, protestant en même temps *solemniter*[28] contre ses dires : j'ignorais tout de sa fille, et encore bien plus de sa mort et de sa putréfaction, et bien que j'aie gardé ses vêtements durant cinq ans dans ma chambre à coucher, je ne les connaissais pas en raison de mon grand aveuglement et ne découvris jamais leur usage, j'étais donc innocent devant Dieu et devant tous les autres.

Cette excuse véritable et bien fondée ne dut pas peu plaire à la vieille femme car elle me regarda et dit : « Je sens et je constate d'après ton esprit juste, que tu es innocent, et ton innocence sera bien et abondamment récompensée, aussi je te révélerai secrètement et de bon cœur que ma fille, par un amour et une affection particuliers envers toi, t'a laissé en héritage parmi ses vêtements un coffret gris marbré, qui est recouvert d'un emballage grossier, noir et sale (en même temps elle me donna un verre rempli de lessive et continua à parler), ce même petit coffret, tu le nettoieras de l'odeur et de la saleté qu'il a reçu des vêtements. Tu n'as pas besoin de clef, il s'ouvrira tout seul et tu y trouveras deux choses : une boîte d'argent blanc, remplie de magnifiques diamants taillés et polis, et une autre œuvre d'art en or, ornée de coûteux rubis solaires : et c'est cela le trésor et le legs complet que ma fille décédée a laissé en héritage pour toi avant sa transformation. Si tu veux seulement transporter ce trésor et le purifier plus complètement et silencieusement, puis l'enfermer avec une grande patience dans une cave chaude, cachée, pleine de vapeur, transparente et humide, puis le protéger du gel, de la grêle, de l'éclair rapide, du tonnerre brûlant et des autres causes de

---

[28] Solennellement.

destruction extérieures jusqu'à la moisson du blé, alors tu percevras pour la première fois la pleine gloire de ton héritage dont tu prendras ta part. »

Pendant ce temps, je m'éveillai une seconde fois et implorai Dieu, plein de peur, priant qu'il veuille bien ouvrir mon entendement afin que je puisse rechercher le coffret qui m'était promis dans mon rêve. Quand ma prière fut terminée, je cherchai avec le plus grand soin dans les vêtements et trouvai le coffret, mais l'enveloppe était tellement serrée autour et semblait avoir poussé en lui si naturellement que je fus incapable de la retirer. Je ne pouvais donc le nettoyer avec aucune lessive, ni le fendre avec du fer, de l'acier ou tout autre métal. Je l'abandonnai de nouveau, et ne sus qu'en faire, et le tins pour de la magie, pensant aux paroles du prophète : « Car bien que tu te laves avec de la lessive et que tu prennes beaucoup de savon, ton iniquité est encore visible devant moi, dit le Seigneur Dieu. »

Après qu'une année se fut écoulée et que, ne sachant comment retirer l'enveloppe, après y avoir réfléchi activement et avoir essayé de deviner, je sortis finalement dans le jardin pour me promener et me libérer de mes pensées mélancoliques, et après une longue promenade, je m'assis sur une pierre de silex et tombai dans un profond sommeil. Je dormais mais mon cœur était éveillé : la vieille servante centenaire m'apparut et dit : « As-tu reçu l'héritage de ma fille ? » D'une voix triste, je répondis non, bien que j'aie trouvé le coffret, mais il m'est impossible à moi seul de le séparer de son enveloppe, et la lessive que tu m'as donnée n'agit pas sur l'enveloppe. Après ce simple discours, la vieille femme sourit et dit : « Veux-tu manger les crustacés et les coquillages avec les coquilles ? Ne doit-on pas les faire sortir et les faire préparer par la très vieille planète et cuisinière Vulcain ? J'ai dit que tu dois nettoyer le coffret gris avec la lessive dont on t'a fait cadeau, afin que le volatil s'en évade et non purifier l'enveloppe brute externe. Tu dois brûler spécialement celle-ci dans le feu des philosophes et tout ira pour le mieux. » Là-dessus, elle me donna plusieurs charbons ardents enveloppés dans un léger taffetas blanc, me donna de nouvelles instructions me faisant remarquer que je devais en faire un feu philosophique bien adroit pour brûler l'enveloppe, je trouverais alors bientôt le coffret gris. Et en fait, d'heure en heure, un vent du nord et du sud se levèrent, balayant tous deux le jardin en même temps, je me réveillai à ce moment, effaçai le sommeil de mes yeux et remarquai que les charbons ardents enveloppés dans le taffetas blanc gisaient à mes pieds ; avec hâte et joie je les saisis, priai diligemment, invoquai Dieu, étudiai et travaillai jour et nuit, tout en pensant aux importantes et excellentes paroles des Philosophes qui disent : *Ignis et azoth tibi sufficiunt*[29]. Esdras dit à ce sujet dans son quatrième livre : « Et il me donna une coupe pleine, qui était pleine de feu, et son aspect était celui du feu, et lorsque j'en eu bu, mon cœur exprima la compréhension, et la sagesse se développa dans ma poitrine, car mon esprit conservait la mémoire et ma bouche était ouverte et non plus fermée. » Le Très Haut accorda l'entendement aux cinq hommes, et ils écrivirent selon les choses qui leur étaient dites, en caractères inconnus d'eux. En quarante jours, 204 livres furent ainsi écrits, 70 pour les plus sages seuls et qui en valaient vraiment la peine, et tous furent écrits sur du buis. Et ensuite, je continuais *in silentio et spe*[30], comme la vieille femme me l'avait révélé dans mon rêve, jusqu'au moment où selon la prédiction de Salomon, après un long temps, ma connaissance devint de l'argent et ma mémoire de l'or. Mais conformément aux instructions et à l'enseignement de la vieille servante, j'entourais et j'enfermais de la manière convenable et tout à fait artistique, le trésor de sa fille, à savoir les splendides et étincelants diamants lunaires et les rubis solaires, lesquels furent tout deux trouvés et sortirent du coffret et de la contrée. J'entendis la voix de Salomon qui disait : « Mon bien-aimé est blanc et vermeil, le tout premier entre dix mille. Sa tête est comme l'or le plus fin, ses boucles sont embroussaillées et noires comme un corbeau. Ses yeux sont comme ceux des colombes près des rivières d'eau courante, lavés dans du lait et convenablement enchâssés. Ses joues sont comme un lit d'épices, aussi douces que des fleurs ; ses lèvres sont comme des roses, distillant la myrrhe odorante. Ses mains sont comme des anneaux d'or incrustés de béryl : son ventre comme de l'ivoire brillant couvert de saphirs. Ses jambes sont comme des piliers de marbre posés sur des socles d'or fin ; son port est comme le Liban, parfait comme les cèdres. Sa bouche est la plus douce : oui, il est aimable entièrement. C'est mon bien-aimé, et c'est mon ami, O filles de Jérusalem. Aussi tu le retiendras et tu ne le laisseras pas partir jusqu'à ce que tu l'amènes dans la maison de sa mère et dans la chambre de sa mère. »

Lorsque Salomon eut prononcé ces mots, je ne sus comment lui répondre, et je devins silencieux, mais je voulais cependant ouvrir de nouveau le trésor enfermé avec lequel je pourrais rester en paix. J'entendis alors une autre voix : « Je vous adjure, O filles de Jérusalem, par les chevreuils et les biches des champs, de ne pas troubler, de ne pas éveiller mon amour, jusqu'à ce qu'elle le veuille,

---

[29] « Le feu et l'azoth te suffiront. » Le *Dict. étym.* de Devic dérive le mot azoth de l'arabe *azzaouq*, le mercure.
[30] Dans le silence et l'espoir.

car elle est un jardin clos, une source cachée, une fontaine scellée, la vigne de Baal-Hamon, le vignoble d'Engeddi, le jardin de fruits et d'épices, la montagne de myrrhe, la colline d'encens vrai, le lit, la litière, la couronne, le palmier et le pommier, la fleur de Sharon, le saphir, la turquoise, le mur, la tour et le rempart, le jardin de joie, le puits dans le jardin, la source d'eau vive, la fille du roi et l'amour de Salomon dans son désir ; elle est la plus chère pour sa mère et celle que sa mère a choisie, mais sa tête est remplie de rosée et ses boucles des gouttes de la nuit. »

À travers ce discours et cette révélation, j'étais si bien renseigné que je connaissais le but des Sages et je ne touchais pas au trésor enfermé jusqu'à ce que, par la miséricorde de Dieu, grâce au travail de la noble Nature et à celui de mes propres mains, l'œuvre soit heureusement achevée.

Peu de temps après, juste le jour du mois où la lune était nouvelle, survint une éclipse de soleil, se montrant dans toute sa puissance terrifiante ; vert foncé au début et de couleurs mélangées, jusqu'à devenir finalement noire comme le charbon, elle obscurcit le ciel et la terre, et beaucoup de gens eurent très peur, mais je me réjouis, pensant à la grande miséricorde de Dieu et à la nouvelle naissance, ainsi que le Christ nous l'a fait remarquer : un grain de blé doit être mis dans le sol afin de pourrir, sans quoi il ne donnerait pas de fruit.

C'est alors que l'obscurité se couvrit de nuages et que le soleil commença à briller à travers ; cependant en même temps, un bras troua les nuages et mon corps en trembla et ce bras tenait dans sa main une lettre dont les quatre sceaux pendaient, et sur laquelle il était écrit : « Je suis noir mais avenant, O filles de Jérusalem, comme les tentes de Kedar, comme les rideaux de Salomon ; Ne me regarde pas parce que je suis noir, parce que le soleil m'a regardé, etc. » Mais aussitôt que le *fixum* eut agi sur l'*humidum*[31], un arc-en-ciel se déploya et je pensai à l'alliance avec le Très Haut et à la fidélité de mon *Ductoris*[32] et à ce que j'avais appris, et là, avec l'aide de la planète et des étoiles fixes, le soleil vainquit l'obscurité et une belle et brillante journée gagna chaque montagne et chaque vallée ; alors toute peur et toute terreur prirent fin, et tout vit le jour et se réjouit, glorifiant le Seigneur et disant : « L'hiver est terminé, la pluie est finie et partie, les fleurs apparaissent sur la terre ; c'est l'heure où les oiseaux chantent, où l'on entend la voix de la tourterelle dans notre pays, les figues vertes pointent sur le figuier et les vignes répandent le bon parfum de la grappe tendre. Aussi hâtons-nous de prendre les renards, les petits renards qui gâtent les vignes afin que nous

---

[31] Le fixe et l'humide.
[32] Conducteur.

puissions récolter les grappes à temps et en faire le vin, le boire et nous nourrir au bon moment de lait et de miel en rayons, afin que nous puissions manger et être rassasiés. »

Ensuite, après que le jour fut achevé et le soir tombé, le ciel tout entier pâlit et les sept étoiles aux rayons jaunes se levèrent et suivirent leur course naturelle à travers la nuit jusqu'à ce qu'au matin, elles soient obscurcies par la naissance de l'aube rouge du soleil.

Et vois, les Sages qui habitaient le pays sortirent de leur sommeil, regardèrent vers le ciel et dirent : « Quelle est-elle celle qui paraît comme le matin, belle comme la lune, claire comme le soleil, elle est sans tache, et son ardeur est brûlante, semblable à la flamme du Seigneur : aucune eau ne peut en éteindre l'amour et aucune rivière ne peut la noyer ; nous ne la laisserons donc pas car elle est notre sœur, et bien qu'elle soit encore petite, qu'elle n'ait pas de poitrine, nous la ramènerons dans la maison de sa mère, dans une salle brillante où elle avait été auparavant, pour boire au sein de sa mère. Alors elle apparaîtra comme une tour de David, construite comme un rempart où sont suspendus des milliers de boucliers et bien des armes appartenant aux hommes puissants » ; et tandis qu'elle passait, la fille la loua, les reines et les concubines en dirent grand bien : mais moi, je tombai face contre terre, remerciant Dieu et glorifiant Son Saint Nom.

ÉPILOGUE

Et ainsi se termine, bien-aimés et vrais *Sapientiæ et doctrinæ filii*[33], dans toute sa puissance et toute sa gloire, le grand secret des Sages, et la révélation de l'Esprit, dont le Prince et le Monarque *Theoph. in Apocalypsi Hermetis*[34] dit : « C'est un simple *Numen*[35], une fonction divine, merveilleuse et sainte quand elle renferme le monde entier en elle, et qui deviendra vraie avec toute chose, et en vérité triomphera des éléments et des cinq substances. L'œil n'a pas vu, ni l'oreille entendu, ni le cœur d'aucun homme appris comment le ciel a pu naturellement donner un corps de vérité à cet Esprit ; en lui la vérité réside seule, c'est pourquoi on l'appelle la voix de vérité. C'est à cette puissance qu'Adam et les autres Patriarches, Abraham, Isaac et Jacob durent leur santé corporelle, leur longue vie et la grande richesse dans laquelle ils vécurent finalement. Avec l'aide de cet Esprit, les Philosophes ont créé les sept arts libéraux et en ont acquis leur fortune. Avec lui Noé bâtit l'Arche, Moïse le Tabernacle, et Salomon le Temple et il fournit les vases d'or avec l'or pur du Temple ; et, à la gloire de Dieu, Salomon fit aussi bien des travaux magnifiques et réalisa de grands exploits. C'est avec lui qu'Esdras rétablit le Commandement ; et avec lui que Miriam, la sœur de Moïse se montra accueillante. Cet Esprit était beaucoup utilisé et très commun parmi les prophètes de l'Ancien Testament. De même, c'est un remède et un traitement pour toutes choses, c'est la révélation finale et le plus grand secret de la Nature. C'est l'Esprit du Seigneur qui a rempli la sphère du royaume terrestre, et qui se mouvait sur la surface des eaux au commencement. Le monde ne pourrait ni le comprendre ni le saisir sans l'inspiration secrète et bienveillante du Saint-Esprit, ou sans enseignement secret, car le monde entier l'a désiré à cause de ses grands pouvoirs que les hommes ne peuvent apprécier suffisamment, et les saints l'ont cherché depuis la création du monde et ont ardemment désiré le voir. Car cet Esprit dans les sept planètes, élève les nuages, disperse les brouillards et donne la lumière à toutes choses ; il transforme tout en or et en argent, donne la santé, l'abondance, les trésors ; il nettoie la lèpre, guérit l'hydropisie et la goutte, éclaircit le visage, prolonge la vie, fortifie celui qui est plein de soucis, guérit les malades

---

[33] Fils de la sagesse et de l'enseignement.
[34] Le Monarque des Théosophes, dans *l'Apocalypse d'Hermès,* dit.
[35] Puissance agissante de la volonté divine.

et tous les affligés, oui, c'est le secret de tous les secrets, une chose secrète parmi toutes les choses secrètes, un remède et une médecine pour toutes choses. »

De même, il est et reste insondable par nature, il est un pouvoir sans fin, une puissance et une gloire invincibles, c'est-à-dire un désir passionné de connaissance et une chose belle entre toutes celles qui sont sous l'orbite de la lune, et grâce à laquelle la Nature est fortifiée et le cœur ainsi que tous les membres renouvelés et maintenus dans une jeunesse fleurie, l'âge est écarté, la faiblesse supprimée et le monde entier renouvelé.

De même, cet Esprit est un esprit choisi, au-dessus de toutes les autres entités ou esprits célestes, qui donne la santé, la chance, la joie, la paix, l'amour, chassant tout mal, détruisant la pauvreté et la misère, et faisant aussi que l'on ne peut ni parier du mal, ni penser au mal ; il donne aux hommes ce qu'ils désirent au fond de leur cœur, les honneurs en ce monde et une longue vie aux pieux, mais, la punition éternelle à ceux qui font le mal et qui l'utilisent à de mauvaises fins. »

Au Très Haut, Dieu Tout Puissant, qui a créé cet art et qui a aussi bien voulu me révéler cette connaissance, à moi misérable pêcheur, à cause d'une promesse et d'un vœu sincère, qu'Il lui soit rendu louange, honneur, gloire et reconnaissance, avec une très humble et très fervente prière afin qu'Il veuille bien diriger mon cœur, mon esprit et mes sens par l'intermédiaire de Son Esprit Saint, me guidant afin que je ne parle à quiconque de ce secret, encore moins que je le communique à celui qui ne craint pas Dieu, ou que je le révèle à toute autre créature ; de peur que je ne manque à mon vœu et à mon serment, que je ne brise les sceaux célestes et ne devienne ainsi un Frère parjure de l'Aureæ Crucis et n'offense tout à fait la Divine Majesté et ne commette et n'accomplisse ainsi sciemment un péché immense et impardonnable contre le Saint-esprit. Aussi, que Dieu le Père, le Fils et le Saint-esprit, la Très Sainte Trinité, me gardent miséricordieusement et me protègent constamment.

FINIS

TRAITÉ D'OR DE LA PIERRE DU PHILOSOPHE
PAR UN PHILOSOPHE ENCORE VIVANT MAIS INCONNU,
POUR L'INSTRUCTION DES *FILLII DOCTRINÆ*[36] ET POUR
L'INFORMATION DES *FRATRES AUREÆ CRUCIS*[37]

---

[36] Les fils de l'enseignement.
[37] FRÈRES DE LA CROIX D'OR.

AVANT-PROPOS
AU LECTEUR À LA RECHERCHE DE L'ART

Ne soit pas surpris, mon cher Lecteur et honnête investigateur des Secrets de la Nature, que j'entreprenne d'écrire ce court Traité, lorsque dans cet âge final, le monde se tient déjà avec un pied dans la tombe, et qu'à portée de main beaucoup de bibliothèques regorgent de livres écrits sur cette *Materia*[38], dont la majorité cependant inculque une fausse philosophie et fournit des formules imaginaires. Je n'ai pas écrit dans mon propre intérêt, mais dans le tien, afin de te montrer les bases de la vérité, et de te conduire hors des fausses routes qui te semblent importantes. En ce qui me concerne, je sais déjà ce qu'il est utile de savoir à ce sujet et je n'ai pas besoin de livres. Car, pendant les vingt-deux dernières années, j'ai lu tous ceux que j'ai pu trouver, et il y en a beaucoup, tant manuscrits qu'imprimés. Tu trouveras ici la *Materia* et la *Solution theorice*[39] et également toute la *praxis*[40] dans son *allegoria*[41] qui en découle entièrement, aussi claire et aussi simple que tu puisses souhaiter la trouver chez n'importe quel Philosophe. Je me suis soigneusement attaché à consulter les Philosophes, là-dessus, et j'ai attiré l'attention sur tous les passages où ils ont cité tel ou tel aphorisme afin que tu puisses juger toi-même, consulter leurs livres, comparer et le *concept*[42] et mes *allegata*[43], n'est pas un latin classique. et ainsi affiner ta compréhension. En omettant mes *allegata*, j'aurais pu écrire ce Traité avec bien moins de peine et j'aurais pu me faire connaître des *Fratres aureæ crucis*[44] ; mais, comme je l'ai dit auparavant, tout est pour le mieux si tu peux en retirer plus de compréhension. Tu ne devrais pas t'étonner si j'ai gardé mon nom secret et si je ne me révèle pas à toi personnellement ; car je ne recherche pas les vains honneurs et je ne désire pas me faire un grand nom en ce monde, mais je ne considère que ton avantage. De plus, mes Maîtres, les vrais Philosophes, m'ont appris à ne pas risquer ma vie

---

[38] La matière [première]. Le mot *materia* est formé sur *mater*, la mère.

[39] L'explication théorique.

[40] La mise en œuvre.

[41] Représentation.

[42] Il faut supposer *conceptum* : la conception, dans ses deux acceptions, au sens naturel et au sens intellectuel.

[43] *Allegata* n'est pas un latin classique. Peut-être du latin de presbytère qu'il faudrait comprendre allégations ?

[44] Frères de la croix d'or.

pour la célébrité, à ne pas tenter les voleurs cupides, et à ne pas me charger de graves péchés en livrant ce grand secret. Ceux qui m'ont enseigné cela étaient les vrais Philosophes, mes Instructeurs. Le lecteur apprendra de Sendivogius, que chaque fois qu'il se fait connaître des grands seigneurs, c'est pour lui une cause de souffrance et le danger qu'il court augmente. L'expérience prouve que divers Philosophes qui ne prirent pas suffisamment soin de leurs trésors furent étranglés et dépouillés de leur *Tinctur*[45] par des compagnons avides et vains qui risquaient leur âme en cette affaire. La raison affirme que celui qui transporte un tel trésor avec lui n'aime pas en être dépouillé. Sendivogius cacha son nom sous des *anagramatismis*[46]. Récemment, un nouveau *Frater aureæ crucis* se fit aussi connaître *anagrammate et ænigmate*[47] et je connais bien son nom. Pourquoi devrais-je alors moi-même m'exposer nu devant le monde entier ? Que cela te suffise cher ami, si je ne me fais connaître que du Sage et qu'en même temps je te cache mon nom, ce que j'ai fait sans faute, me recommandant pour le reste au Seigneur Dieu, qui me fera connaître de toi si cela doit être Lui être agréable et si cela doit être avantageux pour moi et pour toi. Ne perds pas de temps à chercher mon nom ; car même si tu le trouvais et me connaissais, tu devrais encore te contenter de ce Traité. Car j'ai juré en toute justice avec Bernard le Trévisan et d'autres Philosophes de ne rien révéler de plus que je ne l'ai fait ici. Et ne te préoccupe pas du tout de savoir si je possède ce trésor entre mes mains. Mais, demande plutôt si j'ai vu comment a été créé le monde ? Comment l'obscurité vint sur l'Égypte ? Quelle est la cause de l'arc-en-ciel ? À quoi ressembleront les corps transfigurés après le Jour du Jugement ? Quelle est la couleur la plus stable ? Je vous demande à vous qui comprenez mon livret si vous avez vu la grande et universelle mer salée, sans aucune matière corrosive, qui est par elle-même suffisante pour transporter les *Teintures* de toutes choses au sommet des plus hautes montagnes ? Dites-moi, où le Soufre devient-il le Soufre, et où le Mercure sort-il du Mercure ? De même, où le Soufre viendra-t-il du Mercure et le Mercure du Soufre ? Quand vos yeux ont-ils contemplé le symbole de l'amour ardent, comme lorsque l'homme et la femme s'étreignent pour ne plus être séparés pour toute l'éternité, mais n'être qu'un dans l'amour glorieux ? Comprenez-vous maintenant ce dont je parle ? Si vous avez réalisé ces choses de vos propres mains et les avez contemplées de vos propres yeux, alors je suis votre associé, et je vous fais savoir que je sais aussi, et

---

[45] *Tinctura* sans doute : teinture.
[46] *Anagramatismis* n'est pas du latin. Comprendre *anagrammatismes* ?
[47] Par l'anagramme et l'énigme.

qu'il n'est rien que j'aime autant que recevoir votre message secret ; c'est pourquoi je veux écrire ce petit Traité.

Mais, si qui que ce soit devait se plaindre de la difficulté de cet art, alors dites-lui que cet art en lui-même n'est pas difficile du tout, qu'il sera facile pour ceux qui aiment Dieu, et ceux qui en sont jugés dignes par Lui le trouveront tout à fait simple.

Cependant, si quelqu'un devait m'accuser d'avoir écrit trop clairement et trop franchement au sujet de l'art, pour que chacun puisse comprendre, à celui-là je répondrai qu'il est vrai que j'ai écrit à ce sujet d'une façon suffisamment claire pour ceux que Dieu a trouvés dignes, mais que ceux qui en étaient indignes feront bien de laisser cet ouvrage tranquille. J'ai déjà auparavant exposé l'art dans son entier, mot par mot, à ceux qui étaient trop intelligents, mais ils l'ont ridiculisé dans leur cœur et ils ne crurent pas que dans notre œuvre se trouvait une double résurrection des morts. Aussi, notre art, en *Theoria* et en *practica*[48], est un pur don de Dieu qui le donne à qui Il veut et quand Il veut, et cela ne dépend ni de la volonté ni des actes de l'homme. Je le connais avec toutes ses *circumstantiæ*[49] et manipulations pendant dix-sept à dix-huit bonnes années et cependant, j'ai dû attendre jusqu'à ce qu'il plaise à Dieu de m'accorder Sa grâce. Aussi personne ne devrait douter de la certitude et de la vérité de cet art, particulièrement puisqu'il est aussi certain et aussi vrai dans la Nature et sans aucun doute ordonné par Dieu comme le sont le soleil qui brille le jour et la lune la nuit. C'est ainsi que je terminerai cette petite Préface, et que j'aborderai le Traité lui-même. Mais vous, mes bien-aimés *Fratres aureæ crucis* qui restez ici et là dissimulés dans le secret et qui jouissez des dons du Très Haut dans Sa crainte, écoutez mes paroles et ne vous cachez pas de moi ; et s'il doit en être ainsi que vous ne me connaissiez pas, sachez que la Croix éprouve les fidèles et révèle leur foi à la lumière du jour, mais cela doit rester caché pour plus de sécurité et plus de plaisir. Dieu soit avec nous tous. AMEN.

---

[48] En théorie et en pratique.
[49] Circonstances.

Cher bien-aimé Lecteur et Disciple de la Vraie Sagesse : les anciens et les nouveaux Philosophes lorsqu'ils eurent atteint le but de leurs désirs par la grâce divine, prirent soin dans leurs écrits de se faire connaître de leurs compagnons étudiants, cachés eux-mêmes çà et là dans le monde et de leur indiquer de quelle façon le vrai Dieu avait illuminé leur compréhension, béni le travail de leurs mains et leur avait révélé le grand secret de la sagesse terrestre. C'est pourquoi ils s'engagèrent à Lui rendre toute louange, tout honneur et toute gloire. Ils promirent aussi alors de léguer en même temps l'enseignement et les informations à leurs frères Chrétiens et disciples à la recherche de l'art, afin qu'ils puissent aussi par là aimer Dieu et être aimés de Lui et atteindre la compréhension et la connaissance de tels *Secreta*[50].

Il y eut de tels gens parmi tous les peuples comme les Égyptiens dont le plus éminent fut Hermès Trismégiste, les Chaldéens, les Grecs, les Arabes, les Italiens, les Français, les Anglais, les Espagnols, les Allemands, les Polonais, les Hongrois, les Juifs et bien d'autres. Il n'y a rien d'étonnant à cela, et bien que ces Hommes Sages aient écrit dans diverses langues à différentes périodes, il y a cependant une unité, un accord et un *consensus* général dans leurs écrits, de telle sorte que chaque vrai Philosophe pouvait bientôt se rendre compte que Dieu lui avait accordé Sa grande bénédiction, et qu'il avait eu l'Œuvre elle-même entre les mains. Et, de même que la vérité se manifeste dans l'*Harmonia*[51], de même, à l'opposé, la *Dissonantia*[52] doit démasquer chaque Sophiste et prétendu Philosophe.

Car, bien qu'il ne connaisse jamais correctement le secret du Sage et poursuive sa route à son idée, chaque homme qui connaît l'art verra son erreur.

Mais, l'*Harmonia* et la concorde résident principalement dans ces deux points, à savoir : la connaissance de la *Materia*, sa Solution, poids, feu et Augmentation. En ce qui concerne la *Materia*, elle est telle qu'elle possède en elle-même tout ce qui est nécessaire, donc tout ce que l'amoureux de l'art désire en faire, notamment *nisus in arena*[53], comme le dit le Philosophe Anastralus dans la *Turba*

---

[50] Secrets.
[51] Concordance.
[52] Désaccord.
[53] Un appui dans le sable.

Philosphorum[54] : « Il n'y a rien de plus précieux que le sable rouge de la mer, c'est la salive de la Lune qui est ajoutée à la lumière du Soleil et *Coagulée*[55]. »

Mais, qu'une telle *Materia* unifiée soit nécessaire, Agadmon lui-même en a témoigné, disant : « Sachez que si vous n'utilisez pas mon *Corpus*[56], qui n'a pas d'esprit, vous n'obtiendrez pas ce que vous cherchez ; et cela parce qu'aucune substance étrangère n'entrera dans votre œuvre, et sachez aussi que vous n'avez besoin de rien d'autre pour cette œuvre, excepté ce qui est d'or. C'est pourquoi vous devez renoncer à toute multiplicité. Car la Nature se satisfait d'une seule chose, et celui qui ne sait pas cela périra. C'est de la même façon que s'exprime Arnault de Villeneuve dans son opuscule intitulé *Flor florum*[57] : « Notre pierre est tirée d'une chose et faite avec une chose. » De même dit-il au Roi de Neapolis[58] : « Tout ce qui est contenu dans notre pierre est indispensable à son existence, et elle n'a besoin de rien d'autre, particulièrement puisque la pierre est d'une seule nature, et une seule chose. » Et Rosinus dit : « Sois certain que ce n'est qu'une seule chose dont tout ce que tu désires est fait. » Et Lulle : « Tu n'as besoin que de la seule chose qui se change en une nature différente à chaque pas de ton travail. » Geber dit aussi dans sa *Summa*[59] : « Il n'est qu'une pierre, un remède auquel nous n'ajoutons rien, et d'où nous ne retirons rien, séparant seulement ce qui est superflu. » Et Seites dit dans la *Turba* : « La base de cet art est une chose qui est plus forte et plus haute que toute autre chose, on l'appelle le vinaigre âpre, c'est lui qui transforme l'or en pur esprit, et sans lui, ni blancheur, ni noirceur, ni rougeur ne pourraient exister ; quand il est mélangé au corps, il ne fait qu'un avec celui-ci et le transforme en un esprit, le teinte d'une couleur spirituelle qui ne change pas, et il reçoit à son tour de ce qui est coloré sa propre couleur corporelle qui ne peut être effacée ; et si tu mettais le corps dans le feu sans le vinaigre, il se consumerait. »

Mais, des paroles de Seites on pourrait tirer la conclusion que ce n'est pas une mais deux choses qui sont nécessaires, à savoir : Le corps et le vinaigre, comme il l'appelle ; et, il est nécessaire que l'humide et le sec soient réunis afin que le sec ne soit pas consumé par le feu, mais soit protégé par l'humidité du feu ardent. Je

---

54 On traduit traditionnellement : *La tourbe des Philosophes* ; cependant le *turba* latin a le sens de foule. Et particulièrement de foule désordonnée.

55 Du latin *coagulatio*, de *coagulare*, coaguler.
     En chimie : action de faire passer une substance non cristallisable, liquide ou demi-liquide, à l'état demi-solide ou solide.

56 Corps.

57 *La fleur des fleurs.*

58 Nom grec de l'actuelle ville de Naples qui signifie exactement Villeneuve…

59 *Somme.*

dois certes accepter un tel Argument et une telle conclusion si cela doit être bien compris, mais cependant je dois conserver aux citations Philosophiques mentionnées ci-dessus leur mérite et leur véracité. Il est en effet certain que la seule *Materia* de notre pierre bénie possède plusieurs noms parmi les Philosophes ; que la Nature a préparée pour l'artiste, et pour la *Materia* de la grande pierre seulement et n'a rien prescrit d'autre dans le monde.

Ceci se trouve devant les yeux de tous, le monde entier le voit, le touche, l'aime mais ne le comprend pourtant pas. C'est noble et vil, coûteux et bon marché, cher et de peu de valeur, on peut le trouver partout. Theophraste Paracelse le nomme « le Lion Rouge » dans son livre *De Tinctura Physica*[60] beaucoup cité mais peu connu. Hermès, dans son livre, au chapitre I, l'appelle « le Mercure qui est endurci dans les cellules les plus profondes ». Dans la *Turba* on le nomme parfois Æs[61] ou Minerai ; dans le *Rosario Philosophorum*[62] on l'appelle Sel. Dans la *Summa*, cette *Materia* a autant de noms qu'il y a de choses dans ce monde. C'est pourquoi les ignorants la comprennent si peu. Je les appelle ignorants, car ils s'engagent dans l'art sans connaissance préliminaire de la Nature et de ses qualités ; comme le dit Arnault : « Ils avancent comme un âne vers sa mangeoire et qui ne sait pas ce qu'il va recevoir dans sa bouche ouverte. »

C'est pourquoi, Geber dans sa *Summa perfectionis*[63] dit vraiment et justement : « Celui qui n'a par lui-même aucune connaissance du commencement de la Nature est encore loin de cet art. » Et le *Rosarius* dit : « Je ne conseille à personne de s'engager dans la recherche de cet art à moins qu'il n'ait la connaissance du commencement de la vraie nature et de son ordonnance ; et lorsqu'il possède cette connaissance, il n'a besoin de rien de plus que cette unique chose, et cela ne demande pas grande dépense. Car ce n'est rien de plus qu'une pierre, un remède, un flacon, un ordre et une préparation. » Ainsi notre *Materia* sera séparée avec l'aide de la Nature et des intelligentes manipulations de l'Artisan, de telle sorte elle sera transmutée en « Aigle blanc » comme le dit Théophraste ; et

---

[60] *Au sujet de la teinture physique.* La *teinture* est un terme de chimie : Solution d'une ou de plusieurs substances simples ou composées, plus ou moins colorées, dans un menstrue convenable : de là les noms de teinture aqueuse, alcoolique, éthérée, suivant que ce menstrue est l'eau, l'alcool ou l'éther. La teinture d'or est un liquide que les pharmaciens obtiennent en versant une huile volatile dans une dissolution de chlorure d'or. Teinture de Mars : tartrate de potasse et de fer liquide. Teinture âcre de tartre : combinaison de la potasse ou de soude caustique avec de l'alcool.

[61] Airain, bronze ou cuivre.

[62] *De la roseraie des Philosophes.*

[63] *La somme du complet achèvement.*

le rayonnement du *Sol*[64] n'illumine pas après la *Spagyrisation*[65], ou (comme le dit Basile Valentin), un esprit blanc comme la neige et un autre esprit rouge comme le sang en sortent, les deux esprits contiennent le troisième caché en eux. Le roi Aros parlait bien lorsqu'il disait : « Notre remède sera une substance tirée de deux autres, c'est-à-dire de l'unification de la nature stable, du spirituel et du corporel, du froid et de l'humide, du chaud et du sec, et il ne pourra être fait avec rien d'autre. » Et Richard l'Anglais dit : « C'est une pierre et un remède tiré du *Rebis*[66] *Philosophis*, c'est-à-dire de deux choses, à savoir du corps et de l'esprit, blanc ou rouge ; et bien des sots se sont trompés en expliquant de diverses manières le vers : *"Est rebis in dictis rectissima norma figuris*[67]*"*. C'est-à-dire, deux choses et ces deux choses n'en sont qu'une, à savoir l'eau ajoutée au corps, et celui-ci dissout dans un esprit, c'est-à-dire dans une eau minérale sortie du corps et de l'esprit, qui est l'Élixir appelé *Fermentum*[68]. Car alors, l'eau et l'esprit sont une chose à partir de laquelle est faite la *Teinture*[69] et le remède dans lequel tous les corps sont purifiés. C'est pourquoi notre remède est composé d'une chose, celle-ci étant l'eau et l'esprit du corps. » Et nous avons ainsi selon les Philosophes, la nature du Soufre[70] et du Mercure au-dessus de la terre, dont sont faits l'or et l'argent sous la terre[71]. Et

---

[64] Le soleil.

[65] On attribue le mot *spagyrie* à Paracelse qui l'a forgé à partir des verbes grecs arracher et rassembler définissant ainsi l'alchimie comme « l'art qui sépare et unit ».

[66] La chose double, l'androgyne.

[67] « Il existe une chose double dans les allégories qu'on a dites de la manière la plus conforme à la loi. »

[68] Levain, ferment. En chimie, le ferment est défini comme une substance qui a la propriété, sous certaines influences, de développer, dans les matières organiques, avec lesquelles on la met en contact, une action moléculaire d'où résultent différents produits.

[69] *Teinture* se dit aussi de la pierre philosophale, « parce qu'elle teint les métaux moins nobles de la couleur des métaux plus nobles ».

[70] *Minéral d'un jaune clair très inflammable, et qui exhale en brûlant une odeur forte et insupportable. Le soufre est un corps simple.*

Dénominations et préparations anciennes du soufre.

Soufre vif : soufre naturel.

Fleur de soufre : soufre sublimé.

Soufre lavé : soufre sublimé qui a été dépouillé entièrement de l'acide sulfurique qu'il contient naturellement par des lavages prolongés avec l'eau distillée et chaude.

Crème de soufre : soufre porphyrisé et lavé.

Soufre doré d'antimoine : poudre qui se précipite quand on verse un acide faible dans les eaux d'où le kermès minéral s'est précipité.

Soufre rouge : arsenic sulfuré.

Foie de soufre : combinaison d'un alcali fixe avec le soufre.

Magistère du soufre : préparation obtenue par la précipitation d'une solution d'un sulfure de potasse, au moyen du vinaigre ou d'un acide.

[71] Car tuit [les métaux] par diverses manieres

Bernard, Comte de Trévisan dit : « Notre œuvre est prise brute d'une racine et de deux substances mercurielles, et est tirée, propre et pure, de la *Minera*, etc. » Et dans son livre *Au sujet des Choses Naturelles et Surnaturelles*, Basile Valentin dit, dans le 4ᵉ chapitre : « Je te révélerai sincèrement et par l'amour de Dieu, qu'il faut trouver la racine du Soufre Philosophique, qui est un esprit céleste, et la racine du *Mercurii* spirituel mais naturel, qui est le commencement du sel spirituel en un et se trouve dans une *Materia* dont fut faite la Pierre qui m'était destinée et non dans plusieurs choses. Et bien que les Philosophes trouvent le Mercure seul, et le Soufre seul et le Sel qui est tiré en particulier de lui-même, on trouvera le *Mercurius* dans un élément, le Soufre dans un autre et le Sel[72] dans un autre. Néanmoins, je te précise qu'ils s'élèvent seulement de leur superfluité, qui est en grande abondance et peut être utilisée *particulariter*[73] de diverses façons avec intérêt, et être préparée pour servir de remède et pour la transmutation des métaux. Mais l'*Universal*[74] seul est le plus grand trésor terrestre, et les trois choses dans leur

---

Dedens les terrestres minieres
De soufre et de vif argent nessent,
Si cum li livres le confessent,
Le roman de la Rose, v. 16325.

[72] Combinaison de deux corps composés, dont l'un joue le rôle d'élément électro-négatif ou d'acide, et l'autre celui d'élément électro-positif ou de base, de manière qu'ils forment un composé ayant des caractères nouveaux, et dans lequel les propriétés des deux ou de l'un d'eux sont plus ou moins complètement neutralisées.
Noms de composés anciens considérés comme des sels.
Sel de vinaigre : acide acétique mêlé au sulfate de potasse (servait d'excitant).
Sel d'oseille : mélange de bioxalate et quadroxalate de potasse.
Sel essentiel de quinquina : kinate de chaux.
Sel d'absinthe, sous-carbonate de potasse obtenu par l'incinération de la grande absinthe.
Sel admirable : sulfate de soude.
Sel admirable perlé : phosphate de soude.
Sel ammoniac : chlorure d'ammonium.
Sel anglais : sulfate de magnésie.
Sel volatil d'Angleterre : sous-carbonate d'ammoniaque.
Sel de crâne humain volatil : sous-carbonate d'ammoniaque huileux.
Sel de crâne humain fixe, sous-phosphate de chaux.
Sel digestif : hydrochlorate de potasse.
Sel de duobus : sulfate de potasse.
Sel d'Egra ou sel d'Epsom : sulfate de magnésie.
Sel infernal ou sel de nitre : azotate de potasse.
Sel phosphorique calcaire : phosphate de chaux.
Sel de Saturne : acétate de plomb cristalisé.
Sel végétal, tartrate de potasse neutre.
Sel végétal fixe, sous-carbonate de potasse.
[73] Particulièrement.
[74] Jeu de mots connu des Philosophes : l'Universel est le Sel de l'Univers.

commencement ne sont qu'une seule chose et ne se trouveront en même temps que dans une seule chose et en seront extraites, ce qui ne fait qu'un de tous les métaux ; et c'est le véritable *Spiritus Mercurii* et *Anima Sulphuris*[75] incluant le Sel Spirituel uni en même temps et enfermé sous le même ciel, et habitant dans un corps, et c'est le Dragon et l'Aigle, le Roi et le Lion, l'Esprit et le Cadavre, qui doivent teinter le cadavre de l'Or en un Remède, etc. » Maintenant notre *Materia* préparée est appelée l'homme et la femme.

De même, en considérant le travail et la souffrance, Simon dit dans la *Turba* : Sachez que le secret de cette œuvre existe dans l'homme et dans la femme, c'est-à-dire dans le travail et la souffrance. Dans le plomb est l'homme, dans l'*Auripigment*[76] la femme, l'homme se réjouit de la femme qu'il a reçue en lui et elle l'aide, et la femme reçoit de l'homme une semence qui teinte et elle est colorée par lui. Et Diomède dit : « Réunissez ensemble le Fils viril du Chevalier Rouge et sa femme parfumée, et ainsi unis ils engendreront l'Art, auquel ne devront être ajoutées ni matière étrangère, ni poudre, ni autre chose, et soyez satisfaits de la conception : c'est ainsi que le véritable fils naîtra de vous. » Oh, combien précieuse est la *Materia* du Chevalier Rouge sans laquelle aucun ordre ne peut exister ! D'autres l'appellent *Argentum vivum*[77] ou *Mercurium* et *Sulphur*[78] ou Feu. Comme le dit Roger Bacon dans le *Speculum Alchemiæ*[79], chap. 3 : « Tous les métaux naissent du Soufre et du Mercure[80], et rien ne leur est associé, car si rien ne leur a été ajouté, rien ne les changera sauf ce qui provient d'eux. C'est pourquoi justement nous devons prendre Mercure et Soufre pour la *Materia* de la Pierre. Et Ménabade dit : « Celui qui ajoute le Mercure au corps de *Magnesia*[81], et le Mâle à la Femelle, extrait la nature cachée avec laquelle les corps seront colorés. »

---

[75] L'esprit du Mercure et l'âme du soufre.

[76] *Auri pigmentum* : la couleur de l'or.

[77] Argent vif ou vif-argent : ancien nom du mercure qui était autrefois appelé ainsi à cause de sa ressemblance avec l'argent et de la vie que sa fluidité semble lui donner.
L'argent corné ou lune cornée d'argent était le chlorure d'argent.
L'Argent fulminant ou ammonium d'argent a la propriété d'exploser au moindre frottement.

[78] Soufre.

[79] *Le miroir d'Alchimie*.

[80] Substance métallique fluide à la température ordinaire. On l'appelait autrefois vif-argent.
Préparations anciennes :
Mercure doux : mercure dulcifié, vieux nom du protochlorure de mercure.
Mercure éteint : mercure très divisé et privé ainsi de son éclat métallique.
Mercure de vie : protochlorure de mercure.
Mercure hépatique : variété de sulfure de mercure contenant du bitume.

[81] Pour les latins, *Magnes lapis* : aimant minéral, minerai de fer.
En chimie, la Magnésie blanche, ou, simplement, magnésie, est l'oxyde de magnésium,

Et Lulle dit dans son *Codicil*[82] : C'est la qualité de notre Mercure qu'il se laisse lui-même coaguler par son Sulphur. Et dans la *Pratica*[83] de son *Testament*, il dit : « Le Mercure est une humidité débordante et vive, ainsi protégée de la combustion. » Les autres la nomment corps, esprit, âme. Ainsi Arnault, dans *Flor florum*, dit : « Les Philosophes ont dit que notre pierre est composée en même temps de corps, d'âme et d'esprit et ils ont dit vrai. Car ils ont comparé le *Corpus* imparfait au corps parce qu'il est faible. Ils ont appelé l'eau, esprit, et c'est juste, car c'est un esprit. Mais, ils ont donné au *Fermentum* le nom d'âme, parce qu'il donne au corps imparfait la vie qu'il n'avait pas avant et produit ainsi une meilleure forme. » Et peu avant ceci, il dit : « L'esprit ne sera pas uni à son corps sauf par l'intermédiaire de l'âme. Car l'âme est l'intermédiaire entre le corps et l'esprit qu'elle unit. » Et, Morien dit : « L'âme pénètre rapidement dans son corps, mais si tu voulais l'unir à un autre corps, tu travaillerais en vain. » Et Lulle dit : « Âme, esprit et corps sont ensemble et ne sont qu'une chose qui possède tout en elle et à laquelle rien d'étranger n'est ajouté. » Mais pourquoi est-il nécessaire d'avancer tous les noms dont les gens se servent pour notre *Materia*, et de les expliquer ? Il suffit pour notre dessein d'avoir mentionné ceux qui sont utilisés le plus couramment. Et après avoir examiné d'où celle-ci, notre *Materia*, vint et où elle va, nous considérerons un peu la *Solution*[84] en tant que partie principale de l'art tout entier, et nous affinerons notre raison et notre compréhension par la réflexion.

Examinons maintenant ce qu'est notre *Materia* et où elle peut être obtenue : il faut savoir que le Créateur Tout Puissant, dont la sagesse est aussi grande que Lui-même, créa deux choses au commencement, lorsqu'il n'y avait rien d'autre que Lui-même : les choses célestes et celles qui sont sous le ciel. Les choses célestes sont elles-mêmes dans le ciel, ainsi que les habitants célestes au sujet desquels nous ne voulons pas philosopher en ce moment. Les œuvres créées en-dessous des cieux sont produites à partir de quatre éléments, et leur nombre ne peut

---

(espèce de terre douce, très fine et très blanche).

Black, en 1755, mit en évidence la différence de la magnésie et de la chaux. La magnésie anglaise est le sous-carbonate de magnésie.

La magnésie de Lydie correspond à la marcassite.

Magnésie noire : ancien nom du peroxyde de manganèse.

Magnésie des peintres et des verriers : oxyde de manganèse.

[82] *Le Testament.*

[83] Pratique.

[84] Au sens latin, la *solutio* est la décomposition d'un corps.

En termes de chimie, la solution est l'action d'un liquide sur un solide, dont le résultat est que ce dernier prend lui-même la forme liquide.

On appelle « affinité de solution », la faculté que possèdent certains liquides de se dissoudre l'un dans l'autre.

être trouvé qu'en trois espèces, à savoir, premièrement celles qui possèdent la vie et la sensibilité, appelées *Animalia*, deuxièmement, tout ce qui pousse de la terre, mais n'a pas de sensibilité et que l'on appelle *Vegetabilia*. Enfin, tout ce qui pousse sous la terre et que l'on appelle *Mineralia*[85].

Ces trois espèces de créatures comprennent tout ce qui a été créé à partir des quatre éléments sous la lune, et on ne peut en trouver ni plus, ni moins, et le Dieu Très Haut a approuvé chacune d'entre elles dans son espèce et dans sa sorte, de telle façon qu'aucune d'entre elles ne peut être transformée d'une sorte ou espèce dans une autre. Comme si l'on pouvait faire un homme ou un arbre à partir d'une pierre, ou un singe d'une herbe ou du plomb ; ou, avec du plomb faire quelque autre animal ou herbe. Une telle chose dis-je est impossible par décret du Grand Roi. Si de telles choses étaient permises dans la Nature, il y en aurait moins de leur sorte, oui, l'une pourrait être changée en n'importe quelle autre. Mais, comme tout alors tomberait dans une grande confusion, le Seigneur de tous les seigneurs a décidé qu'une telle métamorphose des espèces ne serait pas permise. Et, qui plus est, Il a non seulement préservé les trois espèces, chacune fidèle à sa sorte, mais Il a donné à chaque créature une semence qui lui permet d'augmenter et de reproduire sa propre ressemblance, et ces formes ne doivent pas être transformées en une autre forme, comme l'homme en cheval, ou la pomme en laitue, ou le diamant ou une autre pierre en or. Aussi je dis : Dans la Nature, de telles choses ne sont pas permises. Et de même qu'il en a été ainsi depuis le commencement, de même en sera-t-il ainsi jusqu'au jour où le Tout Puissant, comme Il a dit au commencement : « Que cela soit, » dira : « Que cela périsse. » Mais il est tout à fait permis que parmi les choses qui possèdent une *Materia*, une semence et une *Composition*[86] des éléments communs, un affinement de leurs conditions puisse être réalisé et complété, selon la pureté et la perfection de leur *Materia*.

C'est ainsi qu'on peut trouver un homme dont la pensée est bien plus noble et bien plus intelligente à cause des esprits purs et subtils qui proviennent d'une juste et égale *Constitution*[87] des corps, s'élevant plus haut que les autres qui ne possèdent pas une compréhension si vive et si subtile. Ainsi également, on voit comment un cheval est bien plus noble qu'un autre, et la même chose peut être observée dans presque toutes les *species animalium*[88]. Ce qui est le cas pour les

---

[85] Les animaux, les végétaux et les minéraux.
[86] Lat. *compositionem*. La composition d'un élément ou d'une mixture désigne les proportions dans laquelle ses composants sont unis ensemble.
[87] Ce qui fait la substance d'un corps, la manière dont il est composé.
[88] Espèces animales.

espèces animales, on peut aussi l'observer parmi les herbes et arbres surabondants. En ce qui concerne les arbres, grâce à l'implantation, à la greffe et autres moyens bien connus du jardinier, de même en ce qui concerne les herbes et les fleurs nous pouvons chaque jour en observer une, plus noble, plus belle, plus parfumée, meilleure et plus succulente que les autres ; il suffit de regarder les *Caryophylli*[89], ou œillets, et les Tulipes ; je ne pourrais dire combien de sortes en existent car personne ne peut envisager de les compter ; grâce à une attention et à des améliorations constantes, elles peuvent devenir plus hautes et plus belles, c'est ainsi que l'on obtient certaines fleurs si belles et si parfumées qu'on pourrait penser qu'il n'y en eut aucune de la même sorte auparavant.

Que dirais-je maintenant des métaux ? Leur *Materia* commune est le Mercure qui est extrait du Soufre par ébullition et coagulation. Comme le dit Richard l'Anglais, au chapitre 6 : « Les qualités de tous les liquides et choses fusibles furent œuvrées par la Nature, de l'essence du Mercure et de son Soufre ; car c'est la qualité du Mercure de ne pouvoir être brûlé et coagulé par aucune vapeur ou chaleur de Soufre rouge ou blanc. » Et Arnault, dans le premier volume, chapitre 2, de son *Perfectum Magisterium et Gaudium*[90] : « Le Mercure est la source de toutes les choses qui peuvent être dissoutes, car dès qu'un métal est dissous, il se change en Mercure et peut lui être mélangé puisqu'il est de la même essence. » Il y a une différence entre la *composition* des dits *Corpora* et le Mercure, c'est leur degré de pureté ou d'impureté. L'impureté provenant du Soufre impur qui leur est étranger et contraire. Et *Rosinus* dit à *Saratanta* : « La *Materia* de tous les métaux est le Mercure bouilli et imparfait, qui a fait bouillir le Soufre dans le ventre de la terre, et lorsque le Soufre a été séparé, beaucoup de métaux sont produits dans la terre, ayant tous en commun une unique et universelle *Materia* originale, la seule différence entre eux étant que les uns sont plus ou moins affectés que les autres. »

C'est pourquoi, chaque jour, nous voyons de nos yeux combien la Nature peine dans un labeur tenace pour purifier tous les métaux et pour les amener à une plus grande perfection, qui consiste à en faire de l'or, ceci étant l'*intention* finale de la Nature. Nous voyons alors dans tous les métaux ce que la Nature commence à produire en eux : puisqu'il n'y a aucun métal qui ne contienne une parcelle d'argent ou d'or. Et, qui plus est, les métaux sont tels, que la Nature veut et peut aussitôt faire de l'or à partir du Mercure lorsqu'il a son Soufre en lui-même, quand rien d'étranger ne vient entre eux et que le Soufre sale, malodorant et

---

[89] *Caryophyllus* : l'œillet. Nom grec du clou de girofle (feuille de noix).
[90] *L'Achèvement du magistère et de la Joie.*

combustible ne l'empêche pas ; comme nous le constatons alors dans beaucoup d'endroits on pourra trouver de l'or fin et pur, non mélangé à d'autres métaux.

Du fait que, dans les galeries, un Soufre étranger se joint souvent au Mercure, le contamine et fait obstacle à sa perfection, ainsi différents métaux seront produits selon les habitudes de ces Soufres étrangers. Car, comme le dit Aristote, *Meteorologica*[91] : « Si la substance du Mercure est bonne et le Soufre combustible impur, cela deviendra du Cuivre. Mais lorsque le Mercure est calculeux, impur et terreux et que le Soufre est aussi impur, il en résultera du fer. » Il semblerait que l'étain demande un bon Mercure qui soit pur, et un mauvais et néfaste soufre. Mais, le plomb a un Mercure cru, mauvais, lourd et glutineux et un Soufre mauvais, insipide et malodorant, et c'est pourquoi il n'est pas facile de le coaguler.

Ce Soufre contraire, combustible et malodorant n'est pas le feu véritable, qui cuit bien les métaux, mais le Mercure a son propre Soufre qui le fait, et comme Bernard, Comte de Trévisan, le dit : « Beaucoup croient à tort que, dans la production des métaux, une *materia* semblable au soufre devrait être ajoutée ; mais il est évident que dans le Mercure, lorsque la Nature travaille, son propre Soufre est inclus. » Mais il ne prévaut pas dans celui-ci, sauf par un échauffement par lequel le dit Soufre, et en même temps les autres qualités du *Mercurii* sont altérées. Et c'est de cette manière que les autres différents métaux de la terre sont produits. Car dans cette terre, comme le dit Arnault dans le premier chapitre de ses *Rosarii*[92], se trouve une double superfluité : « L'une est comprise dans la partie la plus interne du Mercure, qui au commencement s'est mêlé à son essence ; l'autre, cependant est ajoutée en dehors de sa nature et la corrompt. La première ne peut en être séparée qu'avec grande difficulté, la seconde, par contre sera retirée sans l'habileté d'aucun artiste. »

C'est pourquoi la grande chaleur du feu sépare l'humidité combustible des métaux, parce que le Mercure la retient et la préserve de la combustion lui est sa nature, mais rejette la substance étrangère de lui-même et la laisse être détruite par le feu. Mais le Soufre le plus intérieur qui cuit le Mercure et le conduit à sa perfection est pur et impur au même degré, combustible et incombustible. Le combustible retient le Mercure loin de sa perfection pour qu'il ne devienne pas or, jusqu'à ce que ce Soufre en soit finalement entièrement séparé et que le soufre stable y reste seul. Alors le Mercure deviendra or ou argent, selon que son soufre est rouge ou blanc. Mais ce soufre le plus intérieur n'est rien d'autre qu'un Mercure convenable, ou la plus mûre et la plus convenable partie du Mercure, C'est

---

[91] *Sur les phénomènes célestes.*
[92] *Des roseraies.*

pourquoi le Mercure le reçoit facilement et abandonne l'autre soufre étranger. Car, comme le dit Richard, au chapitre 9 : « Plus le Soufre est pur, plus il est bon, plus il aime le Mercure pur et bon et plus il s'y attache. » Ainsi l'un est de plus en plus étroitement associé à l'autre, jusqu'à ce que des métaux de plus en plus parfaits résultent de cette union.

Mais, on ne peut pas trouver un tel soufre sur la terre, comme le dit Avicenne, excepté dans ces deux corps, à savoir : l'or et l'argent, et il est beaucoup plus mûr dans l'or. Richard, au chapitre 12, dit : « Le soufre rouge est dans l'or par une plus grande maturité, mais le blanc est dans l'argent par une moindre maturité. »

Aussi, s'il en est ainsi, à savoir : qu'il y a une seule *Materia* universelle dans tous les métaux qui par son pouvoir avec le soufre inné, soit rapidement, soit autrement, selon qu'il se sépare du soufre étranger, inefficace des autres métaux durant un certain laps de temps par une cuisson régulière, se transforme en or, ce qui est le but des métaux, et le dessein parfait de la Nature.

Nous devons alors en vérité admettre et dire que la Nature cherche et désire obtenir aussi dans cette espèce, comme dans les règnes animal et végétal, son amélioration et sa perfection, à travers la purification et un affinage subtil du *subjecti* dans sa propre nature.

Ceci maintenant, bien-aimé chercheur des choses de la Nature, je voudrais l'expliquer un peu plus en détail, afin que tu puisses le saisir plus complètement et que tu puisses comprendre la *Materiam* de notre illustre pierre. Car, si tu voulais entreprendre de préparer pour toi-même une pierre semblable à la nôtre à partir de quelque substance animale, ton dessein serait contrarié, car elles appartiennent toutes deux à deux espèces différentes, puisque la pierre est minérale, mais la *Materia* est animale. Et comme le dit Richard, au chapitre 1 : « On ne peut pas extraire une chose de ce qui ne la contient pas. Aussi, puisque chaque espèce cherche dans sa propre espèce son pouvoir de croissance et chaque *genus* ou sorte le cherche dans sa propre sorte, et chaque nature cherche dans sa propre nature naturelle, et porte des fruits selon ses caractères naturels et non ses caractères contraires ; donc chaque collectivité est en accord avec sa propre semence. Et Basile Valentin dit : « Attention, mon ami, comprends que tu ne dois chercher à faire usage d'aucune âme animale. Comme les tiens, leur chair et leur sang, puisqu'ils ont été accordés et donnés par le Créateur aux animaux, appartiennent aux animaux, et c'est pourquoi Dieu a décidé en même temps qu'un animal en serait fait. »

C'est pourquoi on doit beaucoup s'étonner de ceux qui, se croyant de grands artistes, recherchent leur *Materiam lapidis* dans les *Menstruis mulieribus*[93], dans le *Spermate*[94], dans les œufs, les cheveux, l'urine et dans bien d'autres choses, et qui remplissent de nombreux livres de telles recettes, qui persuadent aussi et trompent et égarent d'autres sots avec de telles inepties.

Roger Bacon dans *Speculum*, chapitre 3, s'étonne grandement de la stupidité de tels gens, puisqu'il dit : « On doit beaucoup s'émerveiller qu'un homme réfléchi puisse baser son *intention* sur des choses animales et végétales qui sont si grandement éloignées, puisqu'on trouve les *Mineralia* qui sont bien plus proches. »

On ne doit croire en aucune façon qu'aucun Philosophe puisse avoir basé son art sur les choses si éloignées que l'on vient de citer, si ce n'est sciemment, dans l'intérêt de l'allégorie. Comme le dit Basile Valentin : « Notre pierre ne provient pas de choses qui sont combustibles. » Car notre pierre et sa *Materia* sont à l'abri du danger du feu. C'est pourquoi tu peux aussi bien t'abstenir de chercher dans les choses animales, puisque la Nature n'a pas permis qu'on la trouve en elles. Mais si quelqu'un voulait chercher notre pierre dans les choses végétales, comme les arbres, les herbes et les fleurs, il se tromperait pour les raisons déjà citées, et non moins que celui qui voudrait faire un rocher d'un animal. Car, toutes les herbes et tous les arbres, de même que ce qui provient d'eux, est combustible, et rien ne subsiste d'eux sauf un simple sel avec sa terre qu'il a reçu de la Nature dans sa composition. Et que personne ne se laisse égarer parce que quelques-uns prétendent être capables de faire la Pierre du Philosophe à partir de vin ou de parties de celui-ci. Car, de même qu'ils ne comprennent pas correctement les écrits de Raymond Lulle, ils prouvent seulement avec toute leur connaissance, qu'ils ne comprennent rien, et s'égarent eux-mêmes et égarent les autres. Bien sûr, il est aussi vrai qu'à partir de ces choses on pourrait préparer de très magnifiques et excellentes *Menstrua*, sans lesquelles on ne pourrait rien entreprendre ni accomplir que ce soit en médecine ou en alchimie. Mais, le Créateur n'a pas accordé à la Nature que la Pierre du Philosophe puisse en être fabriquée, ou en être extraite, mais seulement ce qui, ainsi qu'il a été dit précédemment, a reçu l'ordre de rester fidèle à son espèce.

C'est pourquoi, celui qui a la compréhension, peut aisément déduire et conclure que notre pierre, qui, comme on l'a dit, est incombustible, doit être cherchée et trouvée dans une *Materia* incombustible que l'on ne trouve nulle

---

[93] La matière [première] de leur pierre dans les menstrues des femmes et le sperme.
[94] Un Latin aurait écrit *semen*.

part sauf dans le règne minéral, puisque toutes les choses animales et végétales sont combustibles.

Puisque notre Pierre du Philosophe déjà citée est un produit minéral, on peut raisonnablement se demander à partir de combien de sortes de minéraux cette pierre peut finalement être faite ; car il y a autant d'espèces que de pierres, et parmi elles diverses sortes de substances et de terres auront été envisagées, sels, semi-minéraux et métaux.

À ceci je réponds qu'il y a lieu de croire qu'il est impossible de faire la pierre à partir d'aucun d'entre eux, pour la bonne raison qu'aucun d'entre eux ne contient du mercure liquide ou fusible, et qu'ils ne peuvent être fondus ou dissous en leur première *Materiam* à cause du Soufre qui est en eux, qui est bien trop brut et possède en trop grande abondance les qualités Judaïques. Aucun chercheur intelligent des secrets naturels, ne cherchera la *Materiam* de la Pierre du Philosophe dans les sels, aluns[95] et matières de cette sorte. Car il ne trouvera en eux rien d'autre qu'un esprit vivement corrosif et destructeur, mais non la sorte de *Mercurium* ou de *Sulphur* que désirent les Philosophes et dont ils ont besoin.

Mais, à partir de telles choses, aucun minéral intermédiaire tel que *Magnesia, Marcasite*[96], *Antimonium*[97], etc., ne peut être fait. Un métal en proviendra encore bien moins. Comment alors, doit-on en obtenir la *Materiam* de la Pierre du Philosophe, qui est la fin et la perfection de tous les métaux et de toutes les choses minérales ? De plus, ceux-ci n'ont absolument rien de commun ni aucune affinité avec aucun métal — non, ils les brûlent plutôt, les cassent et les corrompent ; comment pourraient-ils servir à les parfaire ? Écoute maintenant ce que Richard l'Anglais dit, à ce sujet, au chapitre 10 : Les *Mineralia* secondaires ne peuvent se changer en aucun métal, et d'abord parce qu'elles ne sont pas nées de la première *Materia* de tous les métaux, qui est le *Mercurius*.

Mais, puisque leur origine diffère tellement de l'origine du *Mercurii*, en forme et en *Materia*, et en même temps en disposition, aucun métal ne peut en sortir, car il faut qu'il y ait une première substance et semence d'une chose semblable, à partir de laquelle celui-ci sera produit. Mais d'après ce qu'il a été dit, il apparaît clairement que les *Mineralia* secondaires ne sont pas produites à partir du *Mercurio*, comme cela apparaît clairement aussi chez Aristote et Avicenne. C'est

---

95 Alun : sulfate acide d'alumine et de potasse ou d'ammoniaque, sel d'une saveur astringente.
96 De l'arabe *markazat*, pyrite ; en passant par le portugais *marquezita*, même sens.
97 Le mot *Antimonium* apparaît dans les écrits de Constantin l'Africain (*De gradibus*), médecin de la fin du XIe siècle. Ce serait, d'après Eustathe (*Sur l'Odyssée*), un mot égyptien. Pour d'autres, il est issu de l'arabe *athmoud* ou *ithmid*. Deux origines qui ne sont pas inconciliables.

pourquoi, s'ils doivent être transformés en *Metalia*, ils doivent d'abord être amenés dans leur première *Materiam*.

Mais puisque ceci ne peut être fait par l'intermédiaire d'aucun art, quel qu'il soit, il ne peut y avoir aucun métal et aucune *Materia* finale de la pierre. C'est pourquoi, puisque les *Mineralia* secondaires ne peuvent être présentes au début de l'art, qui est *Mercurius*, elles ne peuvent pas l'être non plus au milieu et à la fin que sont les métaux et la *Teinture*. Mais les *Mineralia* secondaires sont étrangères aux métaux dans leur nature, et bien que dans une certaine mesure elles aient une part dans le pouvoir minéral, elles en sont la qualité inférieure et sont combustibles. Aussi la nature métallique n'a aucun plaisir en elles, mais les repousse et ne garde seulement que ce qui est de sa propre nature. Il y a donc des sots qui produisent beaucoup de tromperies et de bien diverses pour abuser les gens, et qui font des choses si absurdes qu'ils n'ont pas la Nature avec eux et qu'ils ne peuvent se faire comprendre.

Que personne ne se laisse abuser par les écrits des Philosophes quand parfois ils parlent de sels, comme dans *Allegoriis Sapientum*[98] où il est dit : « Quiconque travaille sans sels ne peut ressusciter les corps morts. » Et dans le livre *Soliloquii*[99], il est écrit : « Celui qui travaille sans sels, tire avec un arc sans corde. » Mais ils ont un tout autre sens que celui de sels minéraux. Comme on le voit clairement dans le *Rosario Philosophorum*, où il est dit : « Le sel des métaux est la Pierre du Philosophe. » Car notre pierre est une eau coagulée, dans l'or ou l'argent, elle résiste au feu et ne peut être dissoute que dans sa propre eau. Geber, dans son livre sur le fourneau, chapitre 19, enseigne que l'eau coagulée des Philosophes n'est pas de l'eau minérale, mais leur *Mercurius*, disant : « Applique-toi à dissoudre l'eau sèche du soleil et de la lune, que le commun appelle *Mercurium*. » Les Philosophes, dans leur jargon l'appellent parfois sel comme on peut le voir dans *Clangore Buccinæ*, où il est dit : « Note que les *Corpora* sont alun et sel, qui s'écoulent de nos corps. » Parfois aussi, ils nomment le remède lui-même sel, comme cela est écrit dans la *Scala* : « C'est l'œuvre de l'autre eau, qui augmente la terre dans ses sels merveilleux, par son pouvoir attractif seul. » Et Arnault dit dans son livre au sujet de la conservation de la jeunesse : « Mais ce qui n'a pas d'égal pour conserver la jeunesse, c'est le sel qui provient des *Minera*. » Le Sage le compare, quand il est préparé, à la chaleur naturelle d'une jeunesse saine, et c'est aussi à cause de cela qu'ils ont appelé la pierre du nom d'un animal ; d'autres l'ont nommé *Chifir*

---

[98] *Sur les Allégories des Sages.*

[99] *Soliloques* est un premier sens ; mais on peut comprendre aussi *Soli loci*, *les lieux du soleils.*

minéral et certains l'ont nommé médecine éternelle et *Aquam Vitæ*[100]. Toute la science de sa préparation consiste à la réduire en une eau pure et potable avec celles de ces choses qui ont à peu près les mêmes qualités qu'elle.

De là, il est maintenant facile de se rendre compte que, selon l'enseignement des Philosophes et aussi selon les propriétés de la Nature elle-même on ne peut tirer la *Materia* de la pierre des minéraux secondaires.

Regardons un peu maintenant alentour et voyons si la *Materia*m de notre grande pierre peut être tirée des semi-minéraux tels que Marcasite, Antimoine, Magnésie, et autres, particulièrement du fait que les Philosophes en parlent à diverses occasions. Comme lorsque Senior dit : Si dans notre *Auripigment* ne se trouvait pas la propriété de coaguler le *Mercurium*, notre maîtrise n'atteindrait jamais son but. Et, Thomas d'Aquin : « Prends notre *Antimonium* ou la terre noire ramassée, etc., » et Parménide, dans la *Turba* : « Prends le Mercure et coagule-le dans le corps de la *Magnesiæ* ou dans le Soufre qui n'est pas combustible. »

Mais ici, cependant, on doit comprendre que les Philosophes ne parlaient pas ainsi pour indiquer que notre grande pierre pouvait être faite à partir de telles choses, mais qu'ils parlaient de cette manière seulement par allégorie. Car l'*Auripigment* et la *Magnesia* Philosophiques sont tout autre chose que ceux du commun, à savoir : la *Materia* elle-même, qu'ils appellent *Agens*[101], Lion, Roi, Soufre et bien d'autres noms ; et qui plus est, on l'appellera *Auripigment* car il a le pouvoir de l'or en couleur superflue, et il est appelé *Magnesia* en raison de sa grande vertu et de la gloire qui en émane.

Mais lorsque Thomas d'Aquin l'appelle *Antimonium*, il le fait en raison de la couleur noire brillante qu'il prend après dissolution. Car, lorsque notre pierre devenait noire, elle était comparée par les Philosophes à toutes les choses noires.

Là quelqu'un pourrait s'adresser à nous pour dire : Que parmi ces semi-minéraux certains n'étaient pas seulement produits à partir du Mercure et du Soufre, mais devenaient aussi des métaux : comme l'on voit la Magnésie ou le Bismuth réussissant à être mélangés au plomb ou à l'étain.

De même, l'*Antimonium* ne se mélange pas seulement avec les métaux, mais il devient un plomb naturel. C'est ainsi que des gens de bas et de haut niveaux l'ont parfois vu devenir de l'or. Ne pourrait-on l'obtenir de la *Materia* de la pierre, puisqu'elle était produite à partir du *Mercure* et du *Soufre*, dans lesquels, par l'art, on peut la réduire de nouveau et qui est de la même origine que les métaux ?

---

[100] Eau de la vie.
[101] L'Agissant.

À ceci je réponds : Premièrement, on doit distinguer entre les semi-minéraux, à savoir : entre ceux qui ont un *Mercurium* par eux-mêmes, et ceux qui ne l'ont pas. On doit faire très attention à ceux qui ont un *Mercure*, car, avec notre remède, leur *Mercure* peut être changé en or et en argent et c'est pourquoi j'insiste pour qu'on les considère comme des demi-métaux, c'est-à-dire, comme des métaux disposés à se transformer en métaux. Les autres qui n'ont pas de *Mercure* ne présentent aucun intérêt. Mais, en raison du mauvais Soufre combustible qu'on trouve en eux et qui est la raison pour laquelle l'*Antimonium* est opposé à tous les métaux et les brûle tous excepté l'or, et cela à cause de sa constance qu'il doit laisser inactive, là on ne peut aller aussi loin, on ne peut les sélectionner pour la *Materiam* de notre pierre, qui doit être un Soufre pur, délicat et incombustible. Mais après un examen attentif et des essais, on peut se rendre compte facilement qu'ils sont impurs et entièrement infectés par leur Soufre.

Le Zinc apparaît, par sa brillance, son poids, son apparence extérieure et son tact, semblable à du pur *Mercurium*, mais dès qu'il pénètre dans le feu, il se dissout en fumée, s'évanouissant comme un pâle Soufre jaune. Les *Marcasites* ne peuvent pas arriver à fondre du tout en raison de leur grande impureté terreuse. L'*Antimonium* cependant peut être débarrassé de cette trop grande noirceur par des habiles manipulations et être transformé en un *Regulum*[102] beau et blanc, et il semble à tous qu'il serait possible d'en faire quelque chose de grand, c'est pourquoi beaucoup de gens qui par ailleurs se considèrent très habiles croient que l'on peut en tirer la pierre du Philosophe. Mais cependant, autant que l'on puisse purifier l'*Antimonium* de sa noirceur, il reste toutefois en lui un Soufre brut et inflexible qui apparaît lorsqu'il ne se laisse pas déployer sous le marteau pour devenir malléable, ce qui est la qualité de chaque métal et par laquelle, avec d'autres qualités, il est connu pour être un métal.

En plus, il a un *Mercurium* brut et impur ; je ne veux pas dire maintenant qu'il retient en lui-même à aucun moment un Soufre dissolvant. Et, j'espère qu'ils ne m'en voudront pas si je ne suis pas d'accord avec leur point de vue, tous ceux qui s'intitulent eux-mêmes grands *Philosophes*, et veulent se persuader eux-mêmes et persuader les autres par de nombreux livres et écrits largement répandus, que c'est précisément à ce point que se trouve le *Grain* de leur *Universel*. Car on cherche stupidement quelque chose là où cela n'est pas. Comme le dit *Arnault* : « Parce qu'il est établi dans la pratique de la *Turba* que la pierre du Philosophe est faite de *Materia* pure. » Lulle dit aussi dans son dernier Testament : « Notre

---

[102] Du lat. *regulus*, petit roi. Nom que les anciens chimistes donnaient aux substances métalliques non ductiles extraites des minéraux.

Teinture n'est qu'un feu pur. » Et, dans le *Vade Mecum,* il dit : « C'est l'Esprit subtil seul qui teinte et ainsi nettoie les *Corpora* de leur lèpre » ; mais les *Minéraux* cependant qui sont bruts et impurs comme l'autre, ne peuvent en aucun cas être nettoyés dans leurs tréfonds excepté au moyen de notre *Teinture* ; et c'est pourquoi on ne peut obtenir d'eux la *Materiam* de notre pierre. Car, Richard dit au chapitre 1 : « Rien ne peut être pris dans une chose si cela ne s'y trouve pas. »

Que dire au sujet du *Vitriol*? Par ses merveilleuses qualités, il en entraîne beaucoup dans l'erreur, surtout puisqu'une de ses parties peut être changée en cuivre et qu'il peut aussi changer le fer en cuivre. Que l'on sache que le *Vitriol* n'est rien d'autre qu'un commencement, et la *Materia* du cuivre. Dans les veines de la terre on trouve du *Mercurius* feu humide et vaporeux, dans un endroit où a été trouvé en grande quantité un *Soufre* amer, astringent et vénérien qui, dès qu'il y fut mélange, coagula et essaya de devenir un métal. Mais, parce que la Nature voulait séparer le pur de l'impur, le combustible de l'incombustible, l'abondance et la diversité du Soufre mentionné ci-dessus dépassèrent de beaucoup la *quantitas*[103]. Aussi, même dans une telle séparation, le *Mercurius* devait se séparer toi-même et devait se laisser cacher dans le vert vitriolique.

On peut voir cela clairement : le fait que l'on ajoute un Soufre commun au cuivre est la cause de sa destruction, et le calcine ; car l'art réalise avec un feu puissant pendant un court laps de temps, ce que la Nature doit accomplir avec un feu lent. Le cuivre sera alors entièrement consumé et apportera cela dans l'ordre vitriolique par des manipulations courantes : et, selon qu'il y a beaucoup ou peu de Soufre, le *Vitriol* sera plus riche ou plus pauvre en couleurs, c'est pour cette raison qu'un *Vitriol* a plus de qualités ou plus pauvre en couleurs, c'est pour cette raison qu'un *Vitriol* a plus de qualités cupriques que l'autre : on trouve beaucoup de cuivre dans le *Vitriol* débauché, moins dans les autres.

On doit bien noter que le *Spiritus* sûr dans le *Vitriol* provient du Soufre, particulièrement puisqu'il peut être trouvé de la même façon et extrait du Soufre commun. L'odeur semblable au soufre se remarque bien dans le *Spiritu Vitrioli*

---

[103] Quantité.

et le *Spiritu Sulphuris*[104] peut changer le *Sulphur Martis*[105] en *Vitriol*[106], comme le *Spiritus Vitrioli*[107]. Mais parce que dans le fer se trouve aussi un Soufre brut, la corrosivité du Vitriol le dévore, cherche son *Mercurium* qui n'est pas si différent du sien, et par l'union de celui-ci avec son Soufre devient un bon cuivre malléable.

Mais, parce que dans le Vitriol se trouve un Soufre brut, superflu, et parce qu'il n'y a dedans que très peu de Mercure et qu'il n'a pas atteint sa purification, nous ne tirerons rien de plus de lui que de l'autre. Et, nous devons tenir compte de l'enseignement d'Alphidius qui dit : Mon fils, attention, écarte-toi des corps morts et des pierres, là ne se trouve aucun chemin viable, puisque leur vie n'est pas augmentée, mais diminuée comme le sont les Sels, l'*Auripigment*, l'arsenic, la magnésie, la marcasite et leurs semblables.

Et Arnault, dans *Flor florum*, dit : La cause de leur erreur est que les quatre esprits, à savoir, *Auripigment*, *Salmiac*[108], *Mercurius* et *Sulphur*, ne sont pas la semence des métaux parfaits et imparfaits, à l'exception du *Mercure* et du *Soufre* qui coagule le *Mercurium*.

De ces derniers mots d'Arnault, on pourrait conclure que le Soufre commun et le Mercure sont la *Materia* de pierre, puisque ceux-ci comptent parmi les quatre esprits, et puisque le Soufre coagule le Mercure. Là-dessus, je dois demander avec Richard, chapitre 11 : « chaque soufre coagulera-t-il le Mercure ? À cela je

---

[104] L'esprit de vitriol et l'esprit de soufre.

L'esprit est un terme d'alchimie ou de chimie. Dans l'alchimie : l'Esprit fugitif est le mercure ; l'Esprit universel : substance subtile et rare qui, réunie à son solide, régit et vivifie toute la nature.

En termes d'ancienne chimie. Esprit volatil : nom donné à tous les sous-carbonates d'ammoniaque provenant de la distillation de matières animales. Esprit de sel : solution d'acide chlorhydrique dans l'eau. Esprit de nitre : acide azotique étendu d'eau. Esprit de vitriol : acide sulfurique étendu d'eau. Esprit ardent : l'alcool très rectifié. Esprit alcalin : le gaz ammoniac.

Esprits ou eaux spiritueuses : nom donné par les anciens chimistes à des alcools chargés, par distillation, de principes médicamenteux.

[105] Soufre de Mars.

[106] Le mot *vitriolum* paraît pour la première fois dans les ouvrages d'Albert le Grand, qui l'applique à l'*atramentum viride* (sulfate de fer).

On appelait vitriol ce que l'on nomme aujourd'hui des sulfates et plus particulièrement le sulfate de cuivre.

Vitriol ammoniacal : le sulfate d'ammoniaque.

Vitriol blanc : le sulfate de zinc.

Vitriol bleu, vitriol de Chypre, vitriol de Vénus : sulfate de cuivre.

Vitriol calcaire : sulfate de chaux.

Vitriol de fer, de plomb, etc. sulfate de fer, de plomb, etc.

Vitriol vert, vitriol martial, les sulfates de fer.

[107] L'esprit de vitriol.

[108] Nom donné autrefois, au sel ammoniac.

réponds : Non ! Car, chaque Soufre commun, comme le disent les Philosophes, est opposé aux métaux. » On doit savoir que le Soufre fut produit du gras de la terre, dans les profondeurs de celle-ci et qu'il a été rendu solide par une ébullition modérée et qu'on l'appelle alors Soufre.

Il y a deux sortes de Soufre : vivant et combustible. Le Soufre vivant est la part efficace des métaux et lorsqu'elle est nettoyée de ses impuretés par la Nature, c'est la *Materia* de notre pierre — mais, nous en reparlerons plus loin. Mais le Soufre commun ou Soufre combustible n'est pas celui des métaux ou de la *Lapidis Materia*[109], mais leur ennemi. Car ainsi que le disent Avicenne et Richard l'Anglais, le Soufre commun et combustible n'appartient pas à notre compétence magistrale parce qu'il n'en tire pas son origine. Car, aussi blanc que notre art puisse le produire, à tous moments il infecte, rend noir et corrompt tout ce qui en est composé, car c'est un feu destructeur.

C'est pourquoi il prévient la fluidité lorsqu'il est fixe. Nous en voyons un exemple dans le fer qui a en lui un Soufre impur, brut et constant. Mais, s'il est brûlé, il devient une substance terreuse comme une poudre morte. Alors, comment pourrait-il donner la vie aux autres ? Car il a une double superfluité, à savoir, une qui peut être enflammée et celle qui est terreuse.

Considère maintenant le Soufre commun, non le Soufre des Philosophes qui est un feu simple, vivant qui ressuscite les autres corps morts et les porte à maturité. C'est pourquoi le Soufre commun ne peut être la *Materia* de notre pierre. Mais que dirons-nous du Mercure commun ? À ce sujet, tous les Philosophes disent que la Materia de notre pierre est une substance mercurielle qui possède beaucoup des qualités qui seront attribuées à notre Mercure. Car, c'est la source de tout ce qui se laisse fondre, comme Arnault, *Ros.,* lib. 1, chap. 2, le dit : « Toute chose fusible, lorsqu'elle est fondue se changera en lui, et il se mélange lui-même à elle parce qu'il est leur substance ; » quoique en même temps les corps différents du Mercure dans leur composition, selon leur pureté ou leur impureté, et auraient retenu un Soufre étranger. Et, dans le chapitre 4, il dit : « le *Mercurius vivus*[110] est clair dans tous ses effets, c'est la chose la plus parfaite et constante, car il résiste au feu, et provoque la liquéfaction lorsqu'il a été fixé, et est la *Teinture* d'un rouge d'une perfection surabondante, d'une apparence brillante et il demeure dans le mélange tant qu'il dure : il est amical et sociable et sert à réunir les *Teintures* puisqu'il se laisse complètement mélanger et adhère à leurs tréfonds, puisqu'il est de leur nature. Il en est un, et un seulement que

---

[109] Matière de la Pierre.
[110] Le mercure vivant.

le feu conquiert, mais qui ne veut pas être conquis par le feu, et cependant se réjouit en lui et y reste. »

Et Bernard dit : « Nous suivons la Nature très exactement, elle qui dans ses filons n'a pas d'autre *Materiam* et dans laquelle seule opère la pure forme mercurielle. Dans ce *Mercurius* est maintenant caché le Soufre non-combustible et constant, qui mène notre œuvre à la perfection, sans aucune autre substance excepté la pure substance mercurielle. Puisque dans ce *Mercurius* se trouvent de si splendides qualités, ne s'ensuit-il pas certainement que la *Materia* de notre pierre doit y être ? À ceci nous répondons : Que de même qu'il y a deux sortes de Soufre, il y a aussi deux sortes de Mercure : le commun et le Philosophique. Le *Mercurius* commun est encore un *Corpus* grossier, prématuré et découvert, qui ne peut rester dans le feu comme le Mercure philosophique, puisqu'il se change en fumée à une température modérée et disparaît rapidement. C'est pourquoi les Philosophes disent aussi simplement : Notre Mercure n'est pas un mercure commun. Lulle dit aussi, dans sa *Clavicula*[111], au chapitre 1 ; Nous disons que le mercure commun ne peut pas être le mercure des Philosophes, quel que soit l'art avec lequel il est préparé, car on ne peut garder le mercure commun dans le feu, aussi il est fait avec un autre mercure matériel lequel est chaud, sec et plus opportun.

Mais la plupart des Philosophes ont écrit selon leur abondance sur la sublimation et autres préparations du mercure commun, c'est pourquoi de nombreux livres étranges ont vu le jour à ce sujet, si bien que les gens ont appris de plus en plus sur sa nature et son caractère ; mais le but qu'ils poursuivaient, à savoir le grand trésor de la sagesse terrestre, personne jusqu'à ce jour n'a jamais été capable de le trouver dans leurs écrits, car la Nature ne l'avait pas placé là. Mais, en vérité, c'est un travail si particulier qu'il abuserait celui qui se considérerait lui-même comme un Sage. Par exemple, j'en connaissais un qui l'avait amalgamé avec de l'or et qui l'avait manipulé si subtilement, qu'il l'avait mené à travers toutes les couleurs jusqu'à la *Citrination*[112].

Il se maintient dans cette couleur, et lui, croyant qu'il l'avait fixé, augmenta le feu en-dessous pensant qu'il ne pouvait pas se tromper en le soumettant à un feu selon la manière des Philosophes. C'est alors que le verre éclata et le *Mercurius* s'éleva dans la cheminée, emportant tout l'or avec lui, et dorant la cheminée avec. Et il dut gratter l'or dans la cheminée et le réduire de nouveau.

---

[111] *La petite clef.*
[112] La citrine s'entend, en pharmacie, de l'huile essentielle de citron. Il faut comprendre sans doute ici, jaunissement.

On a vu aussi que le *Mercurius* commun tel un *Corpus* lui-même, ne peut déboucher sur un autre *Corpus*, à savoir l'or, ni y agir à l'intérieur, même si de nombreuses couleurs y apparaissent, tandis que la chaleur produit ses effets dans l'humidité. Mais, si ce brave homme avait compris, comme beaucoup d'autres l'ont fait, ce qu'Arnault dit dans *Flor florum*, cela ne lui serait pas arrivé. Car, Arnault lorsqu'il parle de tels alchimistes dit : Lorsqu'ils examinèrent cela plus subtilement, ils trouvèrent que le mercure est l'origine et la source de tous les métaux, et, avec une chaleur sulfurique et bouillante, ils sublimèrent le *Mercurius* pour eux-mêmes, ensuite ils le façonnèrent, l'exclurent et le coagulèrent, mais lorsqu'ils en vinrent à la projection, ils ne trouvèrent rien, etc.

C'est pourquoi nous ne pouvons envisager le mercure commun comme *Materia* pour notre pierre. Jusqu'à présent, nous avons cherché la *Materia* de notre pierre dans les animaux, les végétaux et dans la pierre, dans les minéraux secondaires et aussi dans les semi et plus grands minéraux, mais nous ne l'avons pas encore trouvée ; nous devons donc chercher plus loin si nous pouvons la trouver dans les métaux, et si elle était en eux, si elle se trouve dans tous à la fois ou seulement dans certains d'entre eux, et, dans ce cas, ceux dans lesquels on peut la trouver. On sait depuis longtemps, et Roger Bacon l'affirme dans son *Miroir*, au chapitre 3, que tous les métaux sont obtenus à partir de Soufre et de Mercure. Et on ne peut leur retirer ni leur ajouter quoi que ce soit, ni les changer, sauf ce qui provient d'eux, puisque toute amélioration augmente la nature de la chose dont elle provient. Comme le dit Richard au chapitre 1 : « Comme c'est le cas aussi dans toute la Nature, tout est ordonné par le Très Haut Créateur, afin que chaque chose donne naissance à sa propre espèce et l'engendre. Et, de même que les animaux ne peuvent augmenter leur espèce si ce n'est d'après la nature de leur propre espèce, de même en est-il avec toutes les autres choses dans la Nature. » C'est pourquoi Basile Valentin dit : « Tu n'as pas le droit de chercher la vraie pierre, ni d'entreprendre de la fabriquer, excepté à partir de sa propre semence, d'où notre pierre a été faite même depuis le commencement. »

Pour trouver cette semence, tu dois réfléchir seul pourquoi tu veux trouver la pierre, et il te sera alors évident qu'elle ne peut provenir que d'une racine métallique de laquelle le Créateur a ordonné que tous les métaux enfantent et donnent naissance. Il y a une grande similitude entre la production des métaux et celle de la grande pierre, particulièrement puisqu'il y a du Soufre et du Mercure dans les deux, de même que du Sel, et l'âme noble s'est dissimulée et l'on ne peut avoir l'avantage de l'utilisation sous une forme métallique tant que ces trois ne sont pas réunis en un après avoir été tirés de la substance métallique, et ensuite, rien ne doit être ajouté qui ne provienne d'eux. Il est donc clair, comme le dit

Bacon, qu'aucune chose ne provenant du Mercure et du Soufre ne peut suffire à les parfaire et à les transformer. Il est donc nécessaire de prendre une substance métallique pour produire la grande pierre. Mais il reste à voir si on peut la trouver dans les métaux imparfaits.

Il en est beaucoup qui veulent trouver le blanc dans le plomb ou l'étain, et le rouge dans le cuivre ou le fer, on la *Materia lapidis* dans les deux, sans aucun doute égarés par les Philosophes eux-mêmes. Car ainsi parle Geber, *in lib. Fornac.*, chapitre 9 : « Comme d'habitude, nous extrayons des corps imparfaits la pâte qui doit fermenter. Et c'est pourquoi nous te donnons une règle générale : que la pâte blanche doit être extraite de *Jupiter* et de *Saturne*, mais la rouge de *Vénus*, *Saturne* et *Mars*. » Basile Valentin dit de même dans son livre sur les choses naturelles et surnaturelles où il enseigne qu'une *Teinture* peut être obtenue par la *Conjonction* de *Mars* et de *Vénus*.

De même, dans son *Char Triomphal*, il dit : « Après vient la *Tinctura Solis et Lunæ*[113], etc., » provenant du blanc, ensuite la *Tinctura Vitrioli* ou *Veneris*[114] et de même la *Tinctura Martis*[115], les deux ayant en elles la *Tinctura Solis*[116], si elles ont été préalablement fixées d'une manière permanente. Ensuite la *Tinctura Jovis et Saturni*[117] mène à la coagulation du *Mercure*, puis la *Tinctura Mercurii*[118] elle-même.

Il faut que les chercheurs des secrets naturels sachent que telle n'a pas été l'opinion de Geber et de Basile Valentin, ou d'autres philosophes, ou ils se contrediraient eux-mêmes, ce qui ne peut être, puisque les Sages doivent toujours dire la vérité dans leurs écrits, bien qu'ils puissent la dissimuler dans des phrases cachées. Car, il ne peut sortir de perfection ni des métaux imparfaits, ni de ceux qui sont si mélangés entre eux qu'ils pourraient au moins être améliorés. Hors de ces choses-là seules, rien de tel ne peut venir, car pour notre pierre, la plus pure essence de Mercure est nécessaire, comme Clangor Buccinæ, Avicenne, Lulle et en général tous les Philosophes disent : « Nous devons choisir pour notre Œuvre la plus pure substance Mercurielle. » Mais la plus pure substance du Mercure ne se trouve pas dans les métaux imparfaits de la Nature, parce qu'ils sont comme des corps lépreux, qui sont corrompus et rendus inactifs par un Soufre étranger et impur, de telle façon qu'aucune sorte d'art ne peut les amener à leur purification intérieure et parfaite, et ils ne peuvent même pas supporter le feu. Et c'est

---

[113] Teinture du Soleil et de la Lune.
[114] Teinture du Vitriol ou de Vénus.
[115] Teinture de Mars.
[116] Teinture du Soleil.
[117] Teinture de Jupiter et de Saturne.
[118] Teinture de Mercure.

une qualité nécessaire de notre *Materia*, qu'elle demeure stable dans le feu, ce qui n'arrive pas ici.

Écoutons maintenant ce que Geber trouve à dire dans sa *Summa*, au chapitre 63, au sujet de cette impureté des métaux imparfaits et des qualités du Mercure parfait. Ici, par une véritable expérimentation, nous trouvons deux secrets de nature particulière, à savoir : le premier secret est qu'il y a trois causes qui entraînent la destruction par le feu de chaque métal imparfait, la première étant que leur Soufre combustible est contenu dans leur partie la plus profonde et qu'il est enflammé par un feu puissant qui amoindrit l'entière substance des corps, les transforme en fumée et finalement les consume, aussi excellent que soit leur Mercure.

La seconde cause réside dans le fait que la flamme extérieure est augmentée par ceux-ci, qu'elle les traverse et les dissout en fumée aussi denses soient-ils.

La troisième cause est que leur corps peut être ouvert par la Calcination[119], car alors la flamme du feu peut les traverser et les transformer en fumée aussi parfaits soient-ils. Et quand toutes ces causes de destruction sont réunies, les corps seront nécessairement détruits et réduits à néant. Lorsqu'elles ne sont pas réunies, la vitesse de destruction des corps est moins rapide. Le second de ces secrets concerne la qualité du Mercure dans ces corps. Car, puisqu'il n'y a pas de cause de destruction ou d'expulsion dans le Mercure, il ne sépare pas le composé en parties, mais reste avec son entière substance dans le feu. Pour cette raison, on doit nécessairement reconnaître le motif de sa perfection. Rendons donc louange et gloire à Dieu le Très Haut, qui a créé le Mercure et lui a donné sa substance, et à la substance, ces qualités que l'on ne peut trouver dans les autres choses de la Nature, qu'en lui la perfection puisse être atteinte par quelque art, et que nous la trouvions en lui dans sa plus proche puissance (potentia propinqua). Car c'est cela qui domine le feu et n'est pas dominé par lui, mais demeure en lui dans de bons termes et se réjouit en lui.

Par ces mots, Geber prouve infailliblement que la *Materia* de notre pierre ne peut se trouver dans les métaux imparfaits, parce qu'ils sont eux-mêmes impurs, et si on voulait les purifier, ils disparaîtraient complètement. Mais notre *Mercurius*, en raison de sa pureté, est stable dans le feu et ne peut pas en souffrir de dommage.

Alors, puisque ces métaux imparfaits ne peuvent être la *Materia* de notre

---

[119] Procédé de transformation en chaux. Réduction des pierres calcaires en chaux par l'action d'un feu violent. « 100 livres de plomb produisent, après la calcination, jusqu'à 110 livres de minium. » Voltaire, *Dictionnaire*.

pierre, ils le peuvent encore bien moins lorsqu'ils sont mélangés ensemble, car ils ne deviennent pas plus purs qu'ils ne l'étaient avant leur mélange. De plus, il en résulte une autre *confusion* qui est contraire à notre *intention*, et une Materia unique seulement est nécessaire, comme cela a été indiqué plus haut. Haly témoigne clairement de ceci lorsqu'il dit dans le *Lib. Secret*[120]., chapitre 9 : «C'est une pierre, et tu n'y mélangeras aucune autre chose et ainsi l'Œuvre du Sage et le pouvoir de tout guérir en découlera. Rien d'autre n'y sera mélangé, que ce soit dans la totalité ou dans les parties.»

Et Morien dit : Cette habilité magistrale provient au commencement d'une racine, qui s'étend ensuite dans beaucoup des parties et retourne finalement à sa source. Alors, pourquoi les Philosophes nous ont-ils demandé de travailler avec les métaux imparfaits, puisqu'ils ne peuvent être la *Materia* de notre pierre ? La réponse est celle-ci : Quand les Philosophes nous ordonnent de prendre les corps impurs, ils ne veulent pas dire par là le cuivre, le fer, le plomb, l'étain, etc., mais leur *Corpus* ou leur terre ; ainsi que le dit Arnault dans *Flor florum* : «Le *Mercurius* est ajouté à la terre, au corps imparfait. Et ce qui plus cst, sa terre en elle-même, aussi pure et parfaite qu'elle soit faite par la Nature, est encore impure et imparfaite *respectu lapidis Physic*i[121]. »

Et en cela l'art surpasse la Nature, car il peut faire ce que la Nature ne peut pas accomplir. Mais puisque cette terre, comme on l'a dit, est imparfaite avant sa parfaite purification et sa régénération, il apparaît par là qu'elle ne peut encore teinter et rendre parfait, et qu'elle n'a rien de plus que ce que la Nature lui a accordé. Mais lorsqu'elle est régénérée, elle peut alors ajouter beaucoup. Mais son impureté est manifestement perceptible dans notre œuvre. D'abord, elle est entièrement noire, ensuite elle sera comparable au plomb ou a l'antimoine, puis elle deviendra grise, et on l'appelle Jupiter ou étain ou bismuth, et tout cela avant qu'elle ne devienne blanche. Lorsqu'elle est blanche, on l'appelle *Mars* et *Vénus* avant qu'elle ne soit amenée à une rougeur complète. Basile Valentin partage la même opinion, et il en cherche bien d'autres comme il l'établit dans le livre sus-mentionné, et dans son traité sur la grande pierre, il en témoigne lui-même quand il étudie la *Materiam lapidis* et dit : «Dans le *Sol* le don des trois unités est réuni, et par conséquent il résiste à tout pouvoir du feu ; et dans la *Luna*, en raison de son Mercure fixe, ne s'échappe pas trop rapidement et réussit son *Examen*.» Et il dit finalement ceci : «La grande courtisane *Vénus* est vêtue et habillée de couleurs superflues, et le corps de son maître est de pure *Tinctur* et

---

[120] *Le livre des Secrets.*
[121] Eu égard à la pierre des Physiciens.

de la même couleur que celle qui habite aussi les meilleurs métaux, et en raison de cette superfluité elle s'avère être rouge. Et comme son corps est lépreux, la *Teinture* n'y demeure pas en permanence et doit disparaître en même temps avec son corps. Car, là où le corps est consumé par la mort, là l'âme ne peut rester, elle doit céder et s'échapper. Parce que la demeure est détruite et brûlée par le feu, son emplacement n'est pas reconnaissable, et personne ne peut continuer à y habiter. Mais, avec joie et compréhension, l'âme habite dans un corps formé. Le sel constant a donné à Mars combatif un corps dur, fort et rude, par lequel il prouve la valeur de son esprit, et l'on ne peut pas aisément blesser ce seigneur de la guerre car son corps est invulnérable. Mais, si quelqu'un disait : Puisque *Vénus* a un Soufre stable, il doit de même, selon l'enseignement de Basile, être uni au *Spiritus Mercurii perfecti*[122], et il en résultera une *Tinctur.* » Ce qui a déjà été dit plusieurs fois, et ce qui a été précisé par Basile lui-même, doit rester présent à la mémoire : « Que notre *Materia* ne doit pas être prise dans de nombreuses choses, puisque *l'Universel* est une seule chose et ne peut être trouvé et extrait que d'une seule chose : et que le *Spiritus Mercurii* et l'*Anima Sulphuris*[123] y compris les sels spirituels, sont réunis ensemble sous un seul ciel et habitent dans un corps. » Ainsi rejettera-t-il son erreur et sans plus de souci, tournera-t-il ses pensées vers les métaux parfaits, suivant la parole de Platon, quart. 2 : « Pourquoi calcinez-vous et dissolvez-vous les autres corps avec grande peine puisque vous pouvez trouver dans cela (parfaitement) ce que vous cherchez ? » Mais si vous désirez un jour l'utiliser, il est alors nécessaire que vous le transformiez d'abord en un corps de nature parfaite.

C'est pourquoi, ami chercheur des secrets naturels, abandonne toutes les choses animales et végétales, tous les sels, alun, Vitriol, Marcasite, magnésie, antimoine, tous les métaux imparfaits et impurs et cherche ta pierre dans le *Mercurius* et le *Sol* pour l'or, et dans le *Mercurius* et la *Luna* pour l'argent, puisque c'est l'essence de tout l'art, selon Arnault de Villeneuve, *Rosar.* 1ère partie, chapitre 7. « Tout comme le feu au commencement est un feu scellé, » dit Ripley, porta 1. Ainsi l'or est également au commencement de la fabrication de l'or. Si donc, tu désirais faire de l'or et de l'argent grâce à l'art philosophique, ne prends pas dans ce but, des œufs ou du sang, mais de l'or et de l'argent, qui engendrent une nouvelle naissance, augmentant leur espèce, comme le font toutes choses lorsqu'elles sont calcinées intelligemment et naturellement, mais non pas grâce au travail manuel. Aussi, Richard, au chapitre 10, nous prévient-il : « Que si l'on sème de

---

[122] L'esprit du mercure parfait.
[123] L'esprit du mercure et l'âme du soufre.

l'or et de l'argent et que grâce à notre travail et à l'intervention de la Nature, ils donnent des fruits, puisqu'ils les ont en eux, c'est ce que l'on cherche et rien d'autre au monde. » Et, pourquoi ne choisirait-on pas les deux, puisque selon Richard, chapitre 12, ils possèdent en eux un *Mercurius* pur et parfait, et un Soufre rouge et blanc ? Car, Avicenne dit que « dans chaque or il y a un soufre rouge ». Mais un tel soufre ne peut se trouver nulle part sur toute la terre, excepté dans ces deux corps. Aussi, nous préparons ces deux *Corpora* très subtilement, afin d'obtenir le Soufre et le Mercure d'une telle *Materia* comme l'ont fait l'or et l'argent sous la terre. Ce sont des corps lumineux et il y a en eux des rayons colorés, qui teintent les autres corps en véritables rouge et blanc, selon leur préparation. Car, ainsi que le dit Arnault, *Rosar.*, livre 1, chap. 5 : « Notre habileté magistrale aide les corps parfaits et rend parfaits ceux qui sont imparfaits, sans mélange d'aucune autre chose. » Et, puisque l'or est le plus noble des métaux, de même sa *Teinture* est celle de la couleur rouge, coloration de tout *Corpus*. Mais, l'argent est la *Teinture* de la blancheur, qui colore tous les *Corpora* en vrai blanc.

Maintenant, que le lecteur courageux soit prévenu que des métaux tels que l'or et l'argent ne sont pas la *Materia* de notre pierre sous leur forme métallique ; ils sont les intermédiaires entre eux et notre grande pierre. Écoute donc ce que Bernard, Comte de Trévisan, dit dans une autre partie de son livre : « Ils feront bien de se taire ceux qui ne produisent pas notre *Tinctur*, mais une autre, qui n'est ni véritable, ni vraisemblable et qui n'est bonne à rien ; et qu'ils se taisent aussi ceux qui prétendent qu'il y a un autre soufre que le nôtre caché dans les entrailles de notre *Magnesia*. »

Qu'ils se taisent aussi ceux qui veulent extraire un *Argentum vivum* de toute autre chose que du *ferment* ou chevalier rouge, et qui veulent extraire une autre eau, différente de notre eau éternelle qui ne se mélange à rien si ce n'est sa propre nature et qui ne fond et ne dissout rien qui ne soit de sa propre nature métallique. Car, il n'est pas d'autre vinaigre que le nôtre ; d'autre procédé que le nôtre, d'autre *Sublimation* que la nôtre, d'autre dissolution que la nôtre ; d'autre putréfaction que la nôtre ; d'autre *Materia* que la nôtre.

C'est pourquoi, abandonne les aluns, sels, Vitriol et tous les autres *Arramenta*, borax[124], eau de vie, et toutes les herbes, animaux, bêtes et quoi que ce soit qui en provienne, cheveux, sang, urine, semence humaine, chair, œufs ; et les pierres minérales et tout métal seul de lui-même. Même si le commencement de notre *Materia* en provient, il doit en même temps, d'après les Philosophes qui vien-

---

[124] Sous-borate de soude. « Le borras des anciens qu'ils nomment chrysocolla, estoit pris es canaux d'eau qui distiloit des minieres de cuivre et de saphre. » Palissy, 286.

nent d'être cités, être basé sur le Mercure que l'on ne pourra trouver dans aucune autre chose que les métaux. C'est ce qui apparaît chez Geber, etc.

Mais pourtant, ils ne sont pas notre pierre tant qu'ils sont sous leur forme métallique. Car il est impossible que l'unique, oui, la véritable même *Materia* puisse avoir deux formes en même temps. Car, comment la pierre dont la forme est valable et sert d'intermédiaire, pourrait-elle être entre le métal et le Mercure, s'ils n'ont pas été détruits d'abord et si leur forme métallique ne leur a pas été retirée? C'est pourquoi Raymond Lulle dit au chapitre 56 de son *Testament*: «C'est pourquoi le bon artiste prend les métaux comme intermédiaires dans l'œuvre magistrale, et il prend tout particulièrement le *Sol* et la *Luna*, il les prend car ils sont tous deux arrivés à une uniformité modérée et à une grande pureté de leurs substances Sulfureuses et mercurielles; il les prend aussi parce qu'ils sont bouillis, purs et bien calculés grâce au travail de la Nature, proportion pour laquelle l'artiste lutterait en vain s'il essayait d'accomplir son dessein dès le commencement naturel sans moyens efficaces.»

Et, de plus, il dit dans son *Codicille*: «Sans ces deux, l'or et l'argent, l'art en peut atteindre la perfection, car en eux se trouve la plus pure substance du Soufre, que la Nature a complètement purifié. En effectuant cette purification, l'art est bien moins efficace que la Nature et il ne pourrait jamais l'accomplir, si acharnés que soient ses efforts.»

Notre remède peut être fait avec ces deux corps s'ils sont préparés avec leur Soufre ou *Arsenicum*[125], mais pas sans eux. Et, comme il le dit dans la préface de sa *Clavicule*: «Je vous conseille, ô mes amis, de ne travailler avec rien d'autre que le *Sol* et la *Luna*, de les réduire de nouveau à leur première *Materia*, à savoir notre Soufre et notre Mercure.» Car, dit Arnault, livre 1, *Rosar.*, chapitre 7: «le Soufre très blanc et le Soufre rouge seront extraits de ces corps parce qu'en eux se trouve la plus pure substance Sulfureuse de la plus grande qualité, nettoyée par la Nature à son plus haut degré.»

C'est ainsi que Nicaire s'exprime dans la *Turba Philosophorum*: «Je recommande aux disciples de l'Art de prendre l'or qu'ils veulent multiplier et renouveler, de diviser ensuite l'eau en deux parties, et de prendre une des parties de telle façon que l'or y soit concentré. Car le métal, lorsqu'il tombe dans cette eau, sera appelé le *Ferment* de l'or.» Mais pourquoi le Philosophe appelle-t-il ici l'eau son or, lorsqu'il dit: «Quand le métal tombe dans cette eau, ce sera le *Ferment*

---

[125] L'Arsenic des philosophes est le mercure ou la matière dont on tire le mercure ou le soufre. Métal d'un gris brillant qui, en se volatilisant au feu, répand une forte odeur d'ail, très friable, volatil à 180°.

de l'or »? Que mes disciples chercheurs de l'art sachent : Que l'or des Philosophes n'est pas l'or commun. Senior dit, et c'est écrit dans le premier exercice de la *Turba* : « De même que le *Mercurius* est l'origine de tous les métaux, le soleil aussi est la fin et le dernier des métaux ; et tous les métaux, qu'ils soient purs ou impurs, sont au plus profond d'eux-mêmes le *Sol*, la *Luna* et le *Mercurius*. Mais l'un est le vrai soleil qui en est extrait. »

C'est pourquoi tu comprends que l'or des Philosophes, bien qu'il en soit extrait, est un or bien différent du soleil ou de l'or communs. L'*Aurora consurgens*[126], au chapitre 16 le dit aussi : « Ceci rend évident le fait que l'or Philosophique n'est pas l'or commun, ni par la couleur ni par la substance. Pour cette raison, on dit qu'il apporte la joie au cœur de l'homme, et la même chose est tenue pour vraie en ce qui concerne l'argent. Mais ce que l'on en extrait est une *Tinctur* blanche et rouge, vraie, stable et vivante. Mais c'est l'or Philosophique que l'on ne doit pas acheter bon marché, comme le dit Alphidius. Et Morien dit : « Tout ce que l'on achète chèrement est trompeur. Car avec une très petite quantité de cette chose et avec un peu d'or nous pouvons acheter beaucoup. Mais en plus, notre or est un or vivant et notre argent un argent vivant qui ne peut donner naissance à rien d'autre qu'à la vie et à l'accroissement. L'or et l'argent communs qui sont morts ne peuvent rien accomplir de plus que ce qui leur a été accordé par la Nature, jusqu'à ce qu'un habile artiste les réveille de leur mort et leur rende la vie ; alors ils vivent aussi et peuvent se montrer très efficaces dans l'accroissement et la propagation de leur espèce. En ce qui concerne la mort des métaux communs et la vie de nos métaux, le merveilleux Philosophe Michael Sendivogius, qui vit encore, parle ainsi dans le 11ᵉ Traité de son livre *Sur la Pierre des Philosophes* : « Tu dois être mis en garde afin que tu n'utilises pas l'or et l'argent communs, car ils sont morts ; prends les nôtres qui sont vivants. Ensuite mets les dans notre feu et une humidité sèche s'en dégagera. Premièrement, dissous la terre dans l'eau, que les Philosophes nomment *Mercurius*, et l'eau dissoudra ces *Corpora Solis et Lunæ*, de telle façon qu'une dixième partie seulement demeure avec une part et c'est là l'humidité profondément enracinée des métaux. »

Maintenant, pour parler plus amplement de l'or des Philosophes, on doit savoir que depuis les temps les plus reculés, les Philosophes appellent leur eau or, parfois aussi leur terre. Le Philosophe Nicaire a parlé plus haut du premier *mode* et le *Rosarius Philosophorum* affirme dans les termes suivants : « Mais, que dites-vous de ce que prétendent les Philosophes : Notre or n'est pas l'or commun et notre argent n'est pas l'argent commun ? À cela je réponds qu'ils appellent leur

---

[126] *L'Aurore naissante.*

eau leur or, qui s'élève vers les hauteurs par la force du feu ; et cet or en vérité n'est pas l'or commun. Car l'homme commun ne croirait pas qu'il puisse s'élever à cause de sa stabilité. »

Mais, que les Philosophes aient aussi appelé leur terre leur or est attesté de même par le *Rosarius* qui dit : Remarque que le minerai est l'or du philosophe. La terre devient minerai et est appelée *Ferment* et *Teinture*. C'est pourquoi l'auteur qui a écrit *Clangor Buccinæ*, dit dans le chapitre sur la Solution (comme le dit aussi Hermès) : « Semez votre or dans la terre blanche et levée qui est rendue ardente, subtile et légère par la *Calcination*, » c'est-à-dire : Semez autant d'or, qui est l'âme et le pouvoir teintant dans la terre blanche, rendu blanche et pure par la préparation convenable et dans laquelle il n'y a pas d'immondices.

On nous révèle par là que l'or de la Nature n'est pas la *Materia fermenti*[127], mais que le *Ferment* teintant est l'or du philosophe. Et, il est ainsi écrit dans *Scala Philosophorum*[128], au 7ᵉ échelon : « Leur terre, dans laquelle est semé l'or, est blanche, et leur âme est d'or, et le même *Corpus* est la place de la sagesse qu'il rassemble et c'est la demeure de la *Teinture*. »

Et, plus loin, l'auteur dit : « Pour cette raison Hercule dit : "Verse de nouveau" c'est-à-dire dissous le corps de la Magnésie qui est devenu blanc et semblable à des feuilles de framboisier. » Car ce corps cherche refuge dans ce qui est meilleur, et l'or qu'on en extrait est appelé l'or des philosophes, et c'est une *Teinture*, de là vient que c'est une âme. Car, avec l'eau, le *Spiritus* s'élève dans l'air, et ce *Corpus* blanc, lorsque l'or est devenu blanc, ils l'ont appelé notre or d'après notre noirceur. C'est pourquoi Senior dit : Mélange l'or à l'or, c'est-à-dire, l'eau aux cendres. Et, Hermès : « Sème de l'or dans la terre fermentée. » C'est pourquoi les Philosophes écrivent que notre or n'est pas l'or commun.

À cette opinion positive on pourrait répondre et demander : « Pourquoi les philosophes conçoivent-ils parfois leur or comme de l'eau, mais à d'autres moments comme de la terre ? Cela ne donne-t-il pas l'impression qu'ils se contredisent les uns les autres et ne sont pas d'accord sur ces sujets ? Qu'ils confondent ces choses ? Ou veulent-ils égarer leurs émules ? »

La réponse est que tous les Philosophes, et chacun en particulier, lorsqu'ils ont dévoilé la vérité, l'ont voilée dans des paroles secrètes ; donc ils ne se contredisent pas, mais sont merveilleusement d'accord, comme s'ils parlaient d'une seule bouche. Ils ne créent aucune confusion et ne cherchent à égarer aucun disciple digne, mais ils mettent devant les yeux, fidèlement et clairement, dans

---

[127] La matière du ferment.
[128] *L'Échelle des Philosophes.*

un langage figuré tous leurs secrets ; mais, ils les dissimulent et les obscurcissent devant ceux qui n'en sont pas dignes et qui sont impies, autant que le Dieu Très Haut leur a accordé Sa miséricorde afin que de si nobles perles ne soient pas jetées aux pourceaux qui ne suivent que leurs désirs corporels ; et ainsi, le Saint Sanctuaire ne sera pas profané. Aussi, en ce qui concerne la question présente, l'Œuvre fait ses preuves elle-même.

Car, le bon disciple de notre art a été maintes fois suffisamment instruit, non seulement quant à l'endroit où l'on peut obtenir de la *Materia*, mais aussi, il sait que c'est une *Materia* unique, qui grâce à l'habileté de l'artiste, se dissout en deux éléments, à savoir, en eau et en terre, ou en *Mercurium* et en *Sulfur*. Alors, si les Philosophes appellent l'eau « or », ou la terre « or », ils ne font rien de mal, car la question de savoir comment les nommer relève de leur bon plaisir puisqu'ils appellent aussi leur pierre leur or, un or plus que parfait, un or régénéré et de bien d'autres noms similaires. Mais tout le monde ne peut comprendre leur signification, ce qui ne doit être attribué qu'à son ignorance plutôt qu'à la mauvaise volonté des Philosophes dans leurs écrits.

Et maintenant le disciple qui recherche l'art est suffisamment et complètement informé du plus qu'excellent secret de la *Materia* de notre grande pierre, et de ce qu'elle ne peut être tirée d'aucune sorte de plante végétale, ni d'aucune sorte d'animal, d'aucune sorte de minéral et d'aucun métal imparfait, mais qu'elle doit être extraite de l'or et de l'argent, et que notre or et notre argent ne sont pas l'or et l'argent communs qui sont morts, mais que ce sont l'or et l'argent vivants des Philosophes.

Maintenant tout ce qui reste à faire est d'être instruit au sujet de la *Solution*, le plus grand secret de l'Œuvre entière.

Parlons maintenant de la *Solution* : Celle-ci apparaît aussitôt si l'on prépare quelque chose d'une humidité sèche, que l'on adoucit quelque chose de dur, et que l'on révèle quelque chose de caché, c'est-à-dire, lorsqu'on transforme une chose dure en eau, mais non pas en eau commune ainsi que l'enseignent les Philosophes Parménide et Agadmon dans la *Turba Philosophorum*, lorsqu'ils disent : « Il en est qui, lorsqu'ils entendent parler de la dissolution des corps, croient que c'est une eau des nuages. » Mais s'ils avaient lu et compris nos livres, ils sauraient que notre eau est permanente, spécialement dans l'eau des Philosophes, c'est-à-dire, dans la première *Materia*, comme le dit Arnault dans *Rosarium*, 1, chapitre 9. « Le travail des Philosophes consiste à dissoudre leur pierre dans leur Mercure, » c'est-à-dire qu'ils l'amènent de nouveau dans sa première *Materia*.

Et Avicenne dit : « Si tu veux travailler, il est nécessaire que tu commences par la *Dissolution*[129] et la *Sublimation*[130] des deux lumières, particulièrement puisqu'il s'agit là du premier stade de l'œuvre d'où vient le Mercure.» C'est pourquoi *Arnault* au livre 2, chapitres 1 et 2, a écrit : «La *Solution* est une séparation des corps et la préparation de la *Materia* ou nature.»

Et Richard l'Anglais : «Le commencement de notre œuvre consiste à dissoudre la pierre en sa première *Materia* et à effectuer la fusion du corps et de l'esprit afin qu'ils deviennent de l'eau mercurielle.» Mais, de même que la *Solution* est la première partie et la plus nécessaire de notre œuvre, elle est aussi la plus difficile. Eubaldus Vogelius n'en témoigne pas trop mal quand il dit : «Ils connaissent la difficulté du travail de préparation de la *Solution* ceux qui y ont travaillé.»

Et, Bernard, Comte de Trévisan, écrit dans sa lettre à Thomas de Bologne : «Celui qui connaît l'art et la science de la *Dissolution*,» c'est-à-dire à celui qui a atteint le secret de l'art qui est de mélanger les formes et d'extraire les natures des natures qui y sont effectivement cachées. Encore une fois, cette *Solution* ne doit pas se produire avec des eaux caustiques, puisque toutes les eaux caustiques dérangent et détruisent le *Corpus* qu'elles devraient dissoudre et parfaire. Et, de plus, comme il a déjà été dit, aucune dissolution dans de l'eau qui mouille les mains n'est nécessaire, mais plutôt une eau sèche, c'est-à-dire, la première *Materia*, qui n'est pas appelée *Mercurius* seulement, mais aussi *Sulfur*.

À ce sujet Zeumon dit aussi dans la *Turba* : Vous travaillez en vain à moins que vous ne broyiez les *Corpora*, les cassiez, les fassiez dissoudre et les contrôliez laborieusement jusqu'à ce que vous ayez extrait leur graisse et en ayez fait un esprit incompréhensible.»

Et, Richard l'Anglais parle ainsi sur le conseil d'Avicenne : «Les Philosophes ont étudié attentivement sous quelle forme ils devraient extraire le Soufre des corps parfaits, et comment ils pourraient mieux purifier leurs qualités par leur art, afin qu'une telle chose puisse en sortir avec l'aide de la Nature et telle que personne ne l'avait vue en eux auparavant ; et ils disent que ce serait impossible à faire sans la dissolution des corps et que le retour de ceux-ci à la première *Materia* qui n'est rien d'autre que le Mercure duquel ils ont été faits auparavant ne pourrait jamais se produire : et c'est ce Mercure seul, sans mélange ni addition d'aucune matière étrangère.» Car nos *Corpora* ne sont dissous par aucune eau, excepté celle de leur propre espèce qui peut être épaissie par les corps comme le dit Bernard dans son épître à Thomas de Bologne. Et, un peu plus tôt, dans la

---

[129] Action de dissoudre une substance dans un liquide.
[130] Opération par laquelle un corps solide, volatilisé par la chaleur dans un vase clos, arrive contre la paroi supérieure de ce vase, où il repasse à l'état solide et s'y fixe.

même épître, il dit : La dissolution exige que le dissolvant et le dissous demeurent ensemble afin que la semence mâle et la semence femelle sortent des deux sous une nouvelle forme. Je te le dis en toute vérité, aucune eau ne dissout la forme métallique par une *Réduction*[131] naturelle excepté celle qui reste avec eux dans la *Materia* et la *Forma*[132], et celle qui peut de nouveau coaguler les métaux dissous. »

Et Morfoleus dit dans la *Turba* : « Chaque *Corpus* sera dissous par l'esprit avec lequel il est mélangé, et deviendra, sans aucun doute, spirituellement un avec lui ; et chaque esprit sera changé et coloré par les corps, et avec cet esprit est mélangée une couleur teintante et résistante au feu. »

Maintenant, si tout ceci est vrai, alors le Disciple cherchant l'art n'a qu'à réfléchir consciencieusement pour savoir de quelle eau il s'agit. puisqu'il doit s'appliquer à la connaissance du *Menstruum*, dont la chose est une et sans laquelle rien ne peut être accompli dans la maîtrise de cet art, comme le dit Raymond dans le *Compendio animæ*[133]. « Car il n'y a rien d'autre au monde que notre *Menstruum*[134], dit-il dans son *Codicille*, qui puisse unir la dissolution des métaux, puisque c'est avec une telle eau que les métaux, gardant leur forme, peuvent être dissous. »

Mais, bien que ce soit le grand secret, que les Philosophes ont gardé le plus profondément caché dans leurs écrits, ils ont aussi interdit qu'il soit révélé, mais je vais te diriger (autant qu'il m'est permis de le faire) vers le bon sentier avec deux sentences Philosophiques. On trouve la première dans le livre *Rosarii abbreviati*[135] dans les termes suivants : « La première préparation et le fondement de l'art est la dissolution, c'est-à-dire, le retour du corps dans l'eau, c'est-à-dire, le Mercure. Et ils appellent cela la dissolution lorsqu'ils disent : L'or qui est caché dans le corps de la *Magnésia* se trouve dissous afin de pouvoir retourner à sa première *Materia*, pour y devenir le Soufre et le Mercure et ne pas redevenir de l'eau, puisque notre *Solution* n'est autre que le corps humidifié de nouveau et dissous de nouveau dans la nature du Mercure. Et le contenu salin de son

---

[131] Opération qui a pour but de ramener à l'état métallique les composés où le métal est combiné soit avec l'oxygène, soit avec le soufre, etc. « La réduction s'emploie pour faire reparaître les oxydes des métaux sous la forme métallique ; on la nomme aussi révivification ; c'est une véritable désoxydation. » Fourcroy, *Conn. chim.*, t. I, p. 95.

[132] Forme.

[133] *De l'économie des âmes.*

[134] Dissolvant. Liqueur propre à dissoudre les corps solides. « L'eau régale est le menstrue de l'or. »

[135] *Des roseraies*, abrégés.

Soufre est réduit, lequel Soufre sacré est extrait des deux Soufres lorsque l'esprit rencontre le corps. »

La deuxième sentence se trouve dans la préface de Ripley à ses *Douze Portes* : « Je t'instruirai dans la Vérité afin que tu puisses comprendre qu'il y a trois *Mercurii* qui sont les clefs de la connaissance, et que Raymond a appelé ses *Menstrua* et sans lesquels rien ne peut être fait correctement. Mais deux d'entre eux diffèrent encore et ne sont pas de la nature des corps. Mais le troisième est le *Mercurius* essentiel de *Solis* et de *Lunæ* dont je vais t'expliquer la qualité. Car, le *Mercurius*, essentiel dans les autres métaux, est la principale *Materia* de notre pierre. Dans le Soleil et la Lune sont nos *Menstrua*, que l'on ne peut pas voir avec les yeux si ce n'est à travers leurs effets.

« C'est notre pierre, lorsqu'on comprend correctement nos écrits. C'est l'âme et la substance rayonnante du Soleil et de la Lune et la très subtile *Influentia* par l'intermédiaire de laquelle la terre reçoit sa lumière. Car, quoi d'autre peut être or et argent, dit Avicenne, si ce n'est la pure terre blanche et rouge ? Retirez leur la lumière dont il est parlé plus haut et elles deviendront de la terre de peu de valeur. Lorsque tout est mélangé, nous l'appelons plomb. L'existence même de la qualité de la lumière provient du Soleil et de la Lune : et ils sont les *Summa* de nos *Menstrua*.

« Nous calcinons les *Corpora* parfaits avec le premier selon la Nature, mais on y ajoute aucun *Corpus* impur excepté celui communément appelé par les Philosophes le « Lion Vert », qui est le moyen de réunir parfaitement les *Teintures* entre le Soleil et la Lune.

« Avec l'autre, qui est une humidité végétale, qui donne la vie à ce qui était mort auparavant, les deux éléments matériels doivent être dissous de même que les éléments formels, sans quoi ils sont de peu de valeur.

« Avec le troisième, l'arbre *d'Hermetis*[136] doit être réduit en cendres, certainement avec une humidité durable, incombustible et de nature graisseuse. C'est notre feu naturel le plus sûr, notre *Mercurius* Soufre, notre pure *Teinture*, notre âme, notre pierre, soulevée par le vent, portée dans la terre. Garde bien cela dans ton cœur.

« Je peux te dire ceci : Que cette pierre est une vapeur du Soufre en puissance, mais tu dois faire attention à la manière dont tu l'obtiens. Car ce *Menstruum* est en fait invisible, bien qu'il puisse prendre la forme et l'apparence d'une eau claire grâce à l'autre eau Philosophique, lorsque les éléments sont séparés.

---

[136] Hermetis : d'Hermès.

« Et, par un travail très dur et très astreignant, le *Sulphur Naturæ*[137] peut être fait avec ce *Menstruo*, lorsqu'il a été renforcé d'une façon naturelle et qu'il a été calciné en un pur esprit. Alors, tu peux dissoudre ta *Basis*[138] ou *Massam*[139] avec lui. »

Ce sont là les mots du Philosophe où tout le secret de la *Solution* est dévoilé. Maintenant, si tu veux t'acharner et méditer sur toutes les possibilités de la Nature, pour accomplir toutes les œuvres que produit la Nature tu dois alors te souvenir et dérouler comme une pelote de fil ce, qu'en toute vérité, tu trouveras ici exposé clairement et avec pénétration. Mais si tu manques de noter où sont les portes fermées, tu ne connais alors ni la *Materia* ni le pouvoir de la Nature, et pour cela tu n'as besoin ni de lunettes ni d'un *putabam*[140] imaginaire, mais d'une très fervente prière ; et une étude appliquée ajoutée à la contemplation des possibilités de la Nature activera ton travail.

J'ai acquis ma connaissance seul et isolé, par la révélation du Dieu Grand et Puissant, par une étude assidue et la lecture maintes fois répétée de bons livres ; je ne dis pas exactement que j'y ai appris ce qui concerne la *Materia* que je ne pouvais apprendre que par la révélation divine, mais, ce que j'ai appris le confirmait et concordait, de même en ce qui concerne la *Solution* qui est une pour tous les Philosophes, et sans laquelle ni les anciens, ni les nouveaux Philosophes ne peuvent accomplir quoi que ce soit. C'est pourquoi on l'appelle aussi *Secretum artis et Arcanum Philosophorum, quod nemo nisi Deus revelare debet*[141], contenant toute l'œuvre, et pour cela je remercie le Créateur de toutes choses, Lui rendant louange, honneur et gloire, maintenant et pour toujours. Amen.

Mais toi, cher lecteur, tu ne dois avoir aucune raison de te plaindre de moi, et c'est pourquoi je vais te révéler par l'amour de Dieu, encore un autre secret. Et tu sauras que cette *Solution*, bien qu'une, est divisée en *secundum prius et posterius*[142], comme ils prennent soin de le préciser dans les écoles.

La première est la dissolution dont parle Arnault ou la décomposition dans sa première *Materia*, mais l'autre est la complète dissolution du corps et de l'esprit

---

[137] Le soufre de Nature.
[138] En chimie, la base est un corps composé qui jouit de l'un ou des deux caractères suivants :
    1. de se combiner avec un acide, de manière à former un composé différant des deux composants ;
    2. de jouer le rôle d'élément électro-positif dans une combinaison quelconque.
[139] La masse, l'amas, le tas. Chez Ovide, le Chaos.
[140] Je croirai, j'espèrerai.
[141] Le secret de l'art et l'Arcane des Philosophes que personne ne doit révéler si ce n'est Dieu.
[142] Seconde, première (d'abord ?) et suivante (dernière)…Ou bien le texte est altéré ou bien l'auteur indique ici de ne pas considérer comme certain l'ordre les opérations qu'il a indiqué précédemment.

en même temps, puisque la dissolution et ce qui est dissous demeurent toujours ensemble : et, ensemble avec cette dissolution du corps survient la *Coagulation* de l'esprit. Là tu peux voir presque clairement et simplement de tes propres yeux tout ce que tu désires voir et savoir et ce n'est qu'un ouvrage de femme et un jeu d'enfant, parce que l'on a si peu de difficultés qu'il n'est nul besoin d'en parler plus avant ; puisque celui qui connaît le commencement, sait aussi, avec la bénédiction de Dieu comment atteindre la fin, qui pour ainsi dire, représente pour nous toute la gloire, toute la gloire éternelle que nous contemplerons en Dieu dans nos corps transfigurés. C'est à cause de cela que nous méprisons toutes les convoitises terrestres et ne peinons que pour les délices éternels, infinis et inexprimables, que, dans la plénitude de leur beauté, nous verrons de nos propres yeux.

Par ces mots je vais maintenant terminer ce court Traité et présenter à tes yeux dans la parabole suivante, ce qu'il t'est encore nécessaire de savoir, sans omission ni erreur. Et, dans cette parabole tu trouveras toute la *Practica*, et si tu la suis avec application, tu atteindras le but final et la vraie connaissance. Que dans ce dessein, tu sois, ainsi que nous tous, aidé et préservé du besoin, par Dieu le Père, Dieu le Fils et Dieu le Saint Esprit, à Qui soit rendue la plus haute louange pour les siècles des siècles. Amen.

VOICI LA PARABOLE
DANS LAQUELLE EST CONTENU L'ART TOUT ENTIER

Il y a une chose, une en nombre et en essence,
> Que la Nature, grâce à l'art, aide à transformer
En deux, en trois, quatre, cinq comme nous le lisons.
> Mercure et Soufre la nourrissent,
Esprit, Âme et Corps, et quatre Éléments,
> La pierre du Philosophe est la cinquième qu'ils transmettent
Sans tricher tu devrais compter ta *Materia*,
> Une double substance mercurielle,
Libre de Soufre étranger, tu la choisiras pure
> Et la dissoudras entièrement jusqu'au fond,
Mélange la de nouveau dans sa juste proportion,
> Et elle te mènera à la vérité.
Selon la *Solution* tu *sublimeras* bientôt,
> *Calcineras* et *distilleras* avec diligence,
Tu *coaguleras*, et ensuite placeras en sécurité
> Dans un récipient, ensuite, commence à teinter,
Et tu auras réalisé un remède
> Pour guérir hommes et métaux — comme tu voudras.

Une fois, je partis me promener dans une belle forêt verte et jeune et je méditai et déplorai les duretés de cette vie, et comment nous tombâmes dans une telle misère et une telle détresse à cause de la pénible chute de nos premiers parents. Réfléchissant ainsi, je quittai le chemin habituel et arrivai, je ne sais comment, sur un sentier étroit, très raboteux, non frayé et sur lequel il était difficile de marcher ; de nombreux buissons et arbustes le recouvraient et il était aisé de se rendre compte que ce chemin était très peu utilisé. C'est alors que je m'effrayai et voulus faire demi-tour et revenir, mais je ne le pus pas, surtout en raison d'un vent violent qui soufflait fortement derrière moi, si bien que je faisais dix pas en avant pour chaque pas que je faisais en arrière.

C'est pourquoi je dus continuer sur cette piste en dépit de son mauvais état.

Lorsque j'eus marché pendant un certain temps, j'arrivai à un pré ravissant, entouré de beaux arbres chargés de fruits et formant comme un cercle. Ce pré était appelé par les habitants *Pratum felicitatis*[143]. Là, je rencontrai un groupe de vieillards à la barbe blanche, hormis un jeune homme qui portait une barbe noire pointue ; et parmi eux s'en trouvait un dont je connaissais le nom et qui était encore plus jeune, mais je ne pouvais pas encore voir son visage. Ils avaient une grande discussion sur toutes sortes de choses et particulièrement au sujet d'un grand et important secret qui était dissimulé dans la Nature et que Dieu avait gardé caché du monde entier, ne le révélant qu'aux quelques rares qui L'aimaient.

Je les écoutai pendant un long moment, et j'aimai beaucoup leurs discours, mais certains d'entre eux semblaient divaguer de façon absurde, non pas bien sûr au sujet de la *Materia*, ou de l'œuvre en question, mais au sujet des *Paraboles*, *Similitudes*, et autres *Parergons*[144]. En cela ils suivaient Aristote, Pline, et autres *Fragmenta*, chacun desquels avait copié sur l'autre. Ici, je ne pus me retenir plus longtemps, mais plaçai mon propre mot, réfutant bien des choses futiles d'après mes expériences, et il y en eut beaucoup qui furent attentifs, m'interrogeant dans leur *Faculté* et me soumettant à quelques tests très difficiles. Mais mes bases étaient si bonnes que je m'en tirai avec tous les honneurs et ils s'en émerveillèrent beaucoup et me prirent à l'unanimité avec eux dans leur Collège, ce qui me réjouit le cœur.

Mais ils dirent que je ne pouvais pas être un véritable Collègue tant que je n'avais pas d'abord appris à connaître leur Lion, et que je ne savais pas complètement ce qu'il pouvait et voulait faire intérieurement aussi bien qu'extérieurement. Je devrais donc m'appliquer à le soumettre à moi-même. J'étais assez sûr de moi et je leur promis que je ferais de mon mieux. Car je me plaisais tant en leur compagnie que je ne me serais séparé d'eux pour aucune somme d'argent.

Ils me conduisirent au Lion et me le décrivirent très soigneusement. Mais, ce que je devais faire au commencement avec la bête, personne ne voulut me le dire. Certains me donnèrent quelques indications à ce sujet, mais d'une manière si confuse que pas un sur mille n'aurait pu les comprendre. Lorsque j'eus attaché le lion et me fus assuré que ses griffes acérées et ses dents pointues ne pourraient me faire de mal, ils ne me cachèrent plus rien. Le lion était très vieux, féroce et gros, sa crinière jaune retombait sur son cou, et il semblait invincible, et à cause de ma Témérité j'étais presque terrifié et je serais bien reparti s'il n'y avait eu mon engagement, et les vieillards qui se tenaient tout autour de moi pour voir comment je commencerais, et cela aussi me retint. Avec une belle confiance

---

[143] Le Pré de la Félicité.
[144] Grec : accessoires.

je me dirigeai vers le lion dans sa tanière, et commençai à le flatter, mais il me fixa avec une telle intensité de ses yeux étincelants, que, de peur, je faillis lâcher de l'eau. Au même moment, je me souvins avoir appris d'un vieil homme, sur notre trajet jusqu'à la tanière du lion, que beaucoup de gens avaient entrepris de conquérir ce lion mais que très peu y étaient vraiment arrivés. Je ne tenais pas à échouer, je me souvins d'un certain nombre de prises athlétiques que j'avais apprises avec une grande application, et de plus, j'étais assez versé dans la Magie naturelle, si bien que j'abandonnai la flatterie et l'attaquai si vite, si adroitement et subtilement que je fis jaillir le sang de son corps et même de son cœur ; il était d'un beau rouge, mais très colérique, et tout cela je le fis avant même qu'il ne l'eût réalisé. Mais, je regardai plus avant dans son anatomie et trouvai beaucoup de choses qui m'étonnèrent grandement, particulièrement les os qui étaient aussi blancs que neige et il y en avait plus que de son sang.

Lorsque mes chers vieillards qui se tenaient autour de la tanière, me surveillant, virent ce que j'avais fait, ils commencèrent à se disputer entre eux avec véhémence, mais je ne pouvais entendre ce qu'ils disaient car j'étais encore si profondément dans la tanière et je ne pouvais que voir leurs gestes. Mais lorsqu'ils commencèrent à échanger des paroles dures, j'en entendis un qui disait : «Il faut qu'il ressuscite le lion, sans cela il ne peut être notre Collègue.» Je n'avais pas l'intention de créer des difficultés, je quittai la tanière, me dirigeai vers une grande place et approchai, je ne sais comment, d'un grand mur dont la hauteur était de plus de 100 aunes[145] vers les nuages, mais qui n'avait pas la largeur d'un pied, et, au début du mur, là où je partis, jusqu'à la fin, une barre de fer courait sur le dessus, bien fixée par de nombreux supports. Je marchai sur le haut de ce mur, et pensai avoir remarqué quelqu'un qui marchait quelques pas en avant de moi, sur la droite de la barre.

Après avoir suivi cette personne pendant un certain temps, je remarquai quelqu'un qui me suivait de l'autre côté de la barre et j'ignorais encore si c'était un homme ou une femme qui m'appela et dit qu'il valait mieux marcher de ce côté que là où j'allais, et je le crus facilement, car la rampe qui se trouvait ainsi au milieu rendait le passage très étroit et il était difficile de marcher à une telle hauteur. Et je vis alors des gens derrière moi qui voulaient aller par là ; c'est pourquoi je me lançai sous la rampe, l'agrippant fermement des deux mains et je continuai de l'autre côté jusqu'à ce que j'arrive finalement à un endroit du mur où il était dangereux de descendre. Je regrettai alors de ne pas être resté sur l'autre côté, car je ne pouvais plus passer de nouveau sous la rampe et il m'était aussi impossible

---

[145] Mesure ancienne de 3 pieds 7 pouces 10 lignes 5/6, équivalant à 1,182 m.

de faire demi-tour et de reprendre l'autre chemin. C'est pourquoi je tentai alors ma chance. Confiant dans mes bons pieds et me tenant solidement, je descendis sans dommage. Après avoir marché encore pendant un certain temps, j'avais tout oublié du danger et ne savais pas non plus ce qu'il advint du mur et de la rampe.

Mais, après être ainsi descendu, un beau rosier apparut sur lequel poussaient de belles roses blanches et rouges, mais plus de rouges que de blanches, j'en coupai quelques unes et les mis sur mon chapeau. C'est alors que je remarquai un mur entourant un grand jardin, et dans le jardin se tenaient des jeunes gens ; c'est là que des jeunes filles auraient bien aimé se trouver, mais elles ne voulaient pas faire le si grand effort de marcher autour du mur pour trouver la porte. J'étais désolé pour elles et je repris le chemin d'où j'étais venu, et, sur un sentier plus égal, je marchai si rapidement que j'atteignis bientôt plusieurs maisons où je pensai trouver la maison du jardinier. Là, je trouvai plein de gens, chacun ayant sa propre chambre, et deux travaillaient ensemble lentement et assidûment. Mais chacun avait son propre travail. Je pensai que j'avais accompli tout cet ouvrage qu'ils avaient devant eux et que je connaissais entièrement, et je pensai : Regarde, puisque tant d'autres font un travail si sordide et si sale seulement pour son apparence, et selon leurs propres notions, n'ayant aucun *Fondement* dans la Nature, alors tu es toi-même pardonné. C'est pourquoi je ne voulus pas rester plus longtemps, parce que je savais qu'un tel art disparaîtrait en fumée et je continuai sur le chemin que je m'étais tracé.

Comme je me dirigeai alors vers la porte du jardin, quelques personnes me regardèrent d'un air revêche et je craignis qu'elles ne m'entravent dans ma *Propositio*. Mais d'autres dirent : « Regardez, il veut entrer dans le jardin, et nous qui pendant si longtemps avons rendu service pour le jardin n'y sommes jamais entrés. Moquons-nous de lui s'il se trompe. » Mais je ne fis pas attention à eux, car je connaissais mieux qu'eux la situation du jardin bien que je n'y aie jamais été, et j'allai directement à une porte qui était solidement fermée et où l'on ne pouvait même pas trouver un trou de serrure de l'extérieur. Mais, je remarquai dans cette porte un petit trou rond que l'on ne pouvait voir avec des yeux ordinaires, et je pensai qu'il était nécessaire d'ouvrir la porte à cet endroit. Je pris mon passe-partout préparé pour cette occasion, ouvris la porte et entrai. Une fois dedans, je trouvai d'autres portes fermées mais je les ouvris toutes sans trop de mal. Mais, c'était un passage, comme dans une maison bien construite, de dix pieds de large environ et de vingt de long[146], couvert d'un plafond. Et, bien que

---

[146] 3,20 m par 6,40 m.

les autres portes aient encore été fermées, je pouvais voir suffisamment à travers elles dans le jardin dès que la première porte fut ouverte.

Au Nom de Dieu, j'allais plus avant dans le jardin et trouvai en son milieu un petit jardin de forme carrée mesurant six perches sur chacun de ses côtés. Il était couvert de rosiers sauvages et les roses y fleurissaient merveilleusement. Et comme il avait plu un petit peu et que le soleil brillait, il y avait un bel arc-en-ciel. Lorsque j'eus quitté le petit jardin et atteint l'endroit où je devais aider les jeunes filles, je remarquai qu'au lieu des murs il y avait une barrière entrelacée basse, et une très belle jeune fille vêtue de satin blanc traversa le jardin avec un splendide jeune homme, l'un guidant l'autre par le bras et portant plein de roses odorantes dans les mains. Je m'adressai à eux et leur demandai : comment ils avaient-ils franchi la barrière. Elle dit : «Mon très cher fiancé m'y a aidée et nous sortons maintenant de ce ravissant jardin pour aller dans notre chambre jouir de notre amitié.» Je dis : «Jc suis heureux que vous puissiez satisfaire votre désir sans plus d'efforts de ma part. Mais voyez comme j'ai couru un si long chemin en si peu de temps, uniquement pour vous servir.» Ensuite, j'arrivai à un grand moulin dont l'intérieur était de pierres. Dedans il n'y avait ni coffres de farine ni les autres choses nécessaires pour la meunerie et l'on ne voyait même pas les roues à eau tourner. Je demandai comment cela était arrivé et le vieux meunier me répondit, disant que le mécanisme du moulin était fermé de l'autre côté et je vis le serviteur du meunier y aller par le passage couvert et je le suivis. Mais lorsque je me tins dans le passage et que je regardai les roues à eau sur ma gauche, je restai immobile m'émerveillant de ce que je voyais. Car maintenant les roues étaient au-dessus du passage, l'eau était noire comme du charbon et les gouttes étaient blanches et le passage n'avait pas plus de trois doigts de large. Cependant, je tentai de retourner en arrière, me tenant aux poutres qui étaient au-dessus du passage et je passai au-dessus de l'eau sans me mouiller. Je demandai alors au vieux meunier combien il avait de roues à eau. «Dix,» répondit-il. Je ne pouvais oublier cette aventure et j'aurais aimé connaître sa signification. Lorsque je vis que le meunier ne voulait rien révéler, je partis, et là, devant le moulin se trouvait une haute colline pavée au sommet de laquelle quelques vieillards déjà mentionnés plus haut, marchaient dans le chaud soleil, et ils tenaient une lettre dans leurs mains, écrite par toute la *Faculté* qui leur était adressée et au sujet de laquelle ils délibéraient. Je remarquai alors bientôt ce qu'elle pouvait contenir et que cela pourrait me concerner, c'est pourquoi j'allai à eux et dit : «Messieurs, cela me concerne-t-il? Oui, répondirent-ils, vous devez garder dans les liens du mariage la femme que vous avez épousée il y a peu de temps ou nous devrons le signaler à notre Prince.» Je répondis : «Ce sera très facile car je suis pour ainsi dire, presque né avec elle et nous fûmes élevés ensemble depuis l'enfance, et parce que je l'ai prise une fois, je la garderai toujours, et même la mort ne nous séparera pas car je l'aime de tout mon cœur. » Ils répondirent : « De quoi alors pouvons-nous nous plaindre ? L'épouse est heureuse aussi et nous savons ce qu'elle désire : vous devez être réunis. » « Je suis très satisfait, » répondis-je. « Bien, » dit l'un d'entre eux, « alors le lion aussi reviendra à la vie et sera plus fort et plus puissant qu'auparavant. »

Je me souvins alors de mes efforts et de mon travail précédents et, pour quelque étrange raison, je pensai que tout cela ne me concernait pas mais quelqu'un que je connaissais bien. Réfléchissant ainsi, je vis notre fiancé avec sa fiancée portant les vêtements déjà décrits, qui s'en allaient, prêts et disposés à être unis, ce qui me réjouit fort. Car j'avais eu grande peur que ces choses ne me concernent.

Aussi maintenant, comme je l'ai dit, notre fiancé vêtu de ses brillants vêtements écarlates s'approcha des vieillards avec sa fiancée bien-aimée dont la robe de satin blanc resplendissait de très brillants rayons, et ils furent bientôt unis ensemble, et je m'émerveillai beaucoup de ce que cette vierge qui aurait pu cependant être la mère du fiancé, était cependant si jeune qu'elle ne semblait être née que récemment.

Je ne sais pas maintenant en quoi ces deux là avaient péché, c'est peut-être qu'étant frère et sœur et liés ensemble de telle façon que l'on ne pouvait les séparer, ils avaient été accusés d'inceste. Au lieu d'un lit nuptial et d'un vrai mariage, ils furent condamnés et enfermés dans une forte prison éternelle pour se repentir et expier leurs mauvaises actions, de peurs éternelles et de regret sincère. Mais en raison de leur noble naissance et de leur rang, et afin qu'ils n'agissent plus en secret et qu'ils soient toujours sous les yeux du gardien qui devait prendre soin d'eux, leur prison était transparente, cristalline et ressemblait à un dôme céleste. Mais auparavant, tous les vêtements et ornements dont ils étaient parés leurs furent retirés et ils durent vivre nus et découverts dans leur demeure. Et, personne ne les servait. Mais toute la nourriture, et la boisson, tirée de l'eau dont on a déjà parlé et qui leur était nécessaire, y fut placée. La porte de leur chambre fut bien fermée et scellée avec le sceau de la *Faculté*, et l'on m'ordonna de les garder, et, puisque l'hiver était proche, de chauffer leur chambre convenablement afin qu'ils ne gèlent pas ou ne brûlent pas, mais de telle façon qu'ils ne puissent en aucune manière sortir et s'échapper. Mais, si un dommage quelconque devait se produire durant ce *Mandatum*[147], je recevrais certainement une grande et sévère punition.

---

[147] Cette mission, ce mandat.

Je n'appréciai pas beaucoup cette affaire, et je sentis le cœur me manquer de peur et d'inquiétude. Car, pensais-je en moi-même, ce n'était pas une petite besogne qui m'était ordonnée, mais je savais que le *Collegium sapientiæ*[148] n'avait pas l'habitude de mentir, et faisait toujours ce qu'il disait et préparait certainement son travail avec soin. Cependant, je n'y pouvais rien changer et de plus, cette chambre fermée se trouvait au milieu d'une puissante tour, entourée de hauts murs et de solides fortifications, et puisqu'il était possible de chauffer la chambre avec un feu modéré mais constant, j'entrepris mon travail et commençai, au Nom de Dieu, à chauffer la chambre pour protéger du froid le couple marié emprisonné. Mais, qu'arrive-t-il? Dès qu'ils remarquent la plus petite chaleur, ils s'étreignent avec tant d'amour qu'on n'en verra plus jamais autant. Et ils restent ensemble dans une telle ardeur que le cœur du jeune homme s'évanouit d'amour fervent, son corps entier fondit et se sépara dans les bras de sa bien-aimée. Quand, elle-même, qui l'avait autant aimé que lui-même l'aimait, vit ce qui était arrivé, elle versa de nombreuses larmes pour lui et l'ensevelit pour ainsi dire sous elle, si bien que l'on ne pouvait voir ce qui lui était advenu à cause des larmes surabondantes. Mais son chagrin et ses pleurs ne durèrent que peu de temps et à cause de sa douleur elle ne voulut pas vivre plus longtemps et alla volontairement à la mort. Ah! malheur à moi! J'étais dans la peur, l'angoisse et la misère car ces deux que j'étais censé garder, semblaient s'être dissous entièrement dans l'eau et je les voyais gisants comme morts devant moi. La certitude de l'échec m'apparut, et, ce qui me semblait le pire et que je craignais le plus était la dérision et le ridicule qui me menaçaient, ainsi que les dangers que j'aurais à surmonter.

Je passai quelques jours en sérieuses réflexions, examinant comment je pourrais aider mes affaires lorsque je me rappelai comment Médée avait ressuscité le corps mort d'Æson[149]. Et je pensai en moi-même: Si Médée a pu le faire, pourquoi n'en serais-je pas capable? Je commençai à réfléchir comment il fallait procéder, mais je ne trouvai rien de mieux que de maintenir une chaleur régulière jusqu'à ce que l'eau baisse et que je puisse voir les corps morts de nos amants. J'espérai alors éviter tout danger avec avantage et louange. C'est pourquoi je continuai pendant quarante jours avec la même chaleur que celle avec laquelle j'avais commencé lorsque je remarquai que plus je le faisais, plus l'eau disparaissait. Et je pus voir les corps morts aussi noirs que du charbon. Cela serait arrivé

---

[148] Le Collège de Sagesse.
[149] Fils de Créthée, demi-frère de Pélias et père de Jason. Pélias le dépouilla de son trône et lui ordonna de mourir. Il s'empoisonna. De tous les auteurs antiques, seul Ovide (*Heroïdes*, VI, 105) prétend qu'il fut ressuscité par Médée pour assister au retour de Jason après la conquête de la Toison d'or.

plus tôt si la chambre n'avait été fermée et scellée si étroitement ; mais de toute manière je n'avais pas le droit d'y entrer. Je remarquai alors tout particulièrement que l'eau s'élevait haut vers les nuages, se rassemblait sur le plafond de la chambre et retombait de nouveau comme de la pluie ; et rien ne pouvait s'échapper, si bien que notre fiancé et sa jolie fiancée gisaient morts et décomposés devant mes yeux, empestant au-delà de toute mesure. Pendant ce temps, je remarquai dans la chambre un arc-en-ciel des plus belles couleurs provoqué par la clarté du soleil dans l'atmosphère humide, ce qui me réjouit quelque peu dans mon chagrin et cela me rendit plutôt heureux de voir mes deux amants gisant devant moi de nouveau. Mais il n'est aucune joie assez grande qu'elle ne contienne nulle peine ; et c'est pourquoi je m'attristai dans ma joie, parce que je voyais ceux que j'étais censé garder gisants devant moi et que l'on ne pouvait voir aucune vie en eux. Mais puisque leur chambre était faite d'une *Materia* si solide et si pure et était fermée si étroitement, je sus que l'âme et l'esprit ne pourraient s'en échapper et y étaient encore enfermés. Je poursuivis donc ma chaleur régulière et chauffai nuit et jour, accomplissant le devoir qui m'était ordonné, imaginant que l'esprit et l'âme ne retourneraient pas dans les corps tant que l'humidité durerait. Car ils aiment demeurer dans la nature humide. Et en vérité, je trouvai cela vrai. Car, par de nombreuses observations assidues, je notai que de nombreuses vapeurs s'élevaient de la terre le soir, avec la force du soleil et montaient haut comme si le soleil les tirait de l'eau. Mais, durant la nuit, elles se coagulaient en une jolie rosée fertile qui tombait le matin, humidifiant la terre et lavant nos corps morts qui devinrent d'autant plus blancs et beaux avec tant de bains et de lavages. Mais, plus ils devenaient beaux et blancs, plus ils perdaient leur humidité, jusqu'à ce que l'air devienne finalement si léger et clair, tandis que le temps humide et brumeux cessait, que l'esprit et l'âme du fiancé ne puisse plus rester dans l'air limpide et retourne dans le corps transfiguré et glorieux de la reine, et dès que le corps les sentit, il redevint instantanément vivant. Je m'en réjouis beaucoup comme vous pouvez très bien l'imaginer, surtout lorsque je la vis se lever dans une parure très coûteuse telle que très peu de gens sur cette terre ont pu en voir, et elle était parée d'une riche couronne embellie de diamants sans défauts, et je pus la voir se lever et dire : « Écoutez, enfants des hommes et observez, vous qui êtes nés de la femme, que le Très Haut a le pouvoir d'introniser les rois et de les détrôner. Il fait riche ou pauvre selon Sa Volonté. Il met à mort et ressuscite. Et contemplez tout ceci en moi qui suis un exemple vrai et vivant : j'étais grande et je devins petite ; mais maintenant, après avoir été humble, j'ai été élevée pour devenir reine sur bien des royaumes. J'avais été mise à mort et je fus ressuscitée. Les grands trésors des philosophes et des puissants m'avaient été confiés et donnés, à moi, la pauvre. C'est pourquoi j'ai reçu le pouvoir de rendre pauvre le riche, d'exercer la miséricorde envers les humbles et d'apporter la santé aux malades. Mais je ne suis pas encore semblable à mon frère bien-aimé, le grand et puissant roi qui devra encore être rappelé d'entre les morts. Quand il viendra il prouvera la vérité de mes paroles. »

Et tandis qu'elle parlait ainsi, le soleil brillait vivement et les jours devenaient plus chauds et les jours de canicule étaient proches. Et longtemps avant le mariage de notre nouvelle reine, on prépara beaucoup de robes coûteuses, faites de velours noir, de damas gris cendre, de soie grise, de taffetas argenté, de satin blanc comme neige, oui, une pièce argentée d'une beauté extrême, brodée de perles coûteuses et ornée de diamants brillant d'une clarté glorieuse. Et on prépara de la même manière les vêtements du jeune roi, à savoir d'*Incarnat*[150], avec les couleurs jaunes de l'auréole, en tissus coûteux, et finalement un costume de velours rouge brodé, orné et décoré de rubis somptueux et d'escarboucles en très grande quantité. Mais les tailleurs qui fabriquaient ces vêtements étaient invisibles et je m'émerveillai grandement lorsque je vis manteau après manteau, et robe après robe s'achever puisque je savais qu'à part le fiancé et la fiancée, personne n'était entré dans la chambre. Mais ce qui m'étonna le plus fut qu'aussitôt qu'un manteau ou une robe étaient terminés, les précédents disparaissaient à mes propres yeux et je ne savais s'ils étaient évanouis ou qui les avait enlevés.

Lorsque ce manteau coûteux fut terminé, le grand et puissant roi apparut dans toute sa puissance et toute sa gloire et il n'y avait rien de semblable à lui. Et, lorsqu'il vit qu'il était enfermé, il me demanda aimablement et avec des termes gracieux de lui ouvrir la porte pour qu'il puisse sortir, et il dit que ce serait avantageux pour moi. Et bien qu'il m'ait été strictement interdit d'ouvrir la chambre, je fus si terrifié par la grande apparence et le doux pouvoir de persuasion du roi que j'ouvris volontiers la porte. Et, lorsqu'il partit, il se montra très aimable et gracieux, voire humble et l'on pouvait vraiment se rendre compte que rien n'embellit autant les personnes de noble naissance que de telles vertus.

Et, puisqu'il avait passé les jours de canicule dans la grande chaleur, il avait très soif, il était faible et fatigué, et il me demanda de lui apporter un peu d'eau courante d'en dessous les roues à eau du moulin. Je le fis, et lorsqu'il en eut bu avidement une grande partie, il retourna dans sa chambre et me dit de refermer solidement la porte derrière lui de peur que quelqu'un ne vienne le déranger ou le réveiller dans son sommeil.

---

[150] Entre la couleur de la cerise et celle de la rose. Du latin *incarnatus* qui vient de *in* et *carnis* (« dans la chair »).

Il se reposa là pendant quelques jours et m'appela ensuite pour ouvrir la porte. Mais je remarquai qu'il était devenu beaucoup plus beau, plus vigoureux et resplendissant, et il le remarqua aussi. Là-dessus, il pensa que cela avait dû être une eau salubre et merveilleuse et il en commanda d'autre, et en but plus que la première fois. Et je décidai d'agrandir beaucoup la chambre. Lorsque le roi eut but tout son saoul de ce délicieux breuvage, auquel l'ignorant n'attache pas de valeur, et il s'en donna à cœur joie, il devint si beau et si glorieux que, de toute ma vie je n'avais jamais contemplé de personne dont l'attitude et le caractère fussent plus glorieux ou plus nobles. Là-dessus, il me conduisit dans son royaume et me montra tous les trésors et toutes les richesses du monde, si bien, que je dus admettre que la reine avait dit la vérité, mais lui aussi en distribua une grande partie à ceux qui connaissaient le trésor et peuvent le décrire. La quantité d'or et de précieuses escarboucles était sans fin, le rajeunissement et la restauration des pouvoirs naturels, de même que le retour de la santé perdue et la guérison de toutes les maladies étaient là chose courante. Mais le plus merveilleux dans ce royaume était encore que ses habitants connaissaient, craignaient et louaient leur Créateur, recevant de Lui leur sagesse et leur connaissance, et finalement, après cette joie terrestre, obtenaient la gloire éternelle. Que dans ce but, Dieu, Père, Fils et Saint-Esprit nous aide tous.

AMEN

Table des matières